工业和信息化普通高等教育
"十四五"规划教材立项项目 | 高等院校电子
类新形态系列

ELECTRONIC
COMMERCE

网店运营与管理
理论、案例与实训

| 微 | 课 | 版 |

邹益民　袁贵◎主编

张耀尹　陈望明　刘海珠◎副主编

人民邮电出版社
北　京

图书在版编目（CIP）数据

网店运营与管理：理论、案例与实训：微课版 /
邹益民，袁贵主编. -- 北京：人民邮电出版社，2023.11
高等院校电子商务类新形态系列教材
ISBN 978-7-115-62161-0

Ⅰ．①网… Ⅱ．①邹… ②袁… Ⅲ．①网店—运营管
理—高等学校—教材 Ⅳ．①F713.365.2

中国国家版本馆CIP数据核字(2023)第120382号

内 容 提 要

　　本书系统地介绍了网店运营与管理全流程的相关知识。本书共10章，内容包括网上开店基础、商品发布与网店管理、商品图片与视频处理、网店装修、网店搜索引擎优化、网店营销与推广、网店客服与客户关系管理、网店数据分析、移动网店运营、跨境电商网店运营等。本书每章都精心设置了"知识框架""导引案例""提示与技巧""课堂讨论""素养课堂""思考与练习""任务实训"等模块，理论与实践并重，以此提高读者的网店运营与管理能力。

　　本书可作为高等院校电子商务、市场营销等专业相关课程的教材，也可作为网店创业人员和网店运营人员的参考书。

◆ 主　　编　邹益民　袁　贵
　　副主编　张耀尹　陈望明　刘海珠
　　责任编辑　孙燕燕
　　责任印制　李　东　胡　南

◆ 人民邮电出版社出版发行　　北京市丰台区成寿寺路 11 号
　　邮编　100164　　电子邮件　315@ptpress.com.cn
　　网址　https://www.ptpress.com.cn
　　大厂回族自治县聚鑫印刷有限责任公司印刷

◆ 开本：700×1000　1/16
　　印张：13.25　　　　　　　　　2023 年 11 月第 1 版
　　字数：280 千字　　　　　　　　2024 年 8 月河北第 3 次印刷

定价：54.00 元

读者服务热线：**(010)81055256**　印装质量热线：**(010)81055316**
反盗版热线：**(010)81055315**
广告经营许可证：京东市监广登字 20170147 号

前言
PREFACE

党的二十大报告提出，加快发展数字经济，促进数字经济和实体经济深度融合，打造具有国际竞争力的数字产业集群。在互联网和数字技术高速发展的背景下，数字经济已成为支撑产业经济增长的关键动能。数字经济的发展离不开电子商务的支持。电子商务通过销售和采购的数字化，使其成为实体经济全链条数字化的强大驱动力。这也使电子商务处于实体经济数字化转型的前沿，同时也成为数字经济中主要的组成部分。

随着电子商务的快速发展，越来越多的人将创业的目光瞄准网上开店，网店运营则成为网上开店的必备技能之一。党的二十大报告提出，加快建设国家战略人才力量，努力培养造就更多大师、战略科学家、一流科技领军人才和创新团队、青年科技人才、卓越工程师、大国工匠、高技能人才。基于此，为了更好地培养网店运营与管理高水平人才，编者组织编写了本书。本书以淘宝平台为依托，以提高读者的网店运营与管理能力为核心，系统、全面地介绍了网店运营与管理的相关知识和技巧，帮助读者建立对网店运营与管理的系统认知。

本书主要内容

本书共10章，具体内容如下。

第1章是网上开店基础，主要介绍了网上开店的基本流程、网店定位、网上开店平台、商品的选择、商品定价等。

第2章是商品发布与网店管理，主要介绍了网店的开通、网店的基本设置、商品上传与发布、商品交易管理、客户服务管理等。

第3章是商品图片与视频处理，主要介绍了商品拍摄环境的搭建、商品图片拍摄、商品图片处理、商品视频处理等。

第4章是网店装修，主要介绍了网店装修基础、店招设计、商品详情页设计、移动端网店首页装修等。

第5章是网店搜索引擎优化，主要介绍了搜索引擎优化认知、淘宝网的搜索规律、商品标题的优化、商品主图的优化、商品详情页的优化等。

第6章是网店营销与推广，主要介绍了平台活动营销、网店营销工具、直通车推广、直播营销、短视频营销等。

第7章是网店客服与客户关系管理，主要介绍了网店客服认知、客户服务过程、客户关系管理、智能客服等。

第8章是网店数据分析，主要介绍了网店数据分析概述、常用的数据分析工具、

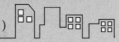

店铺数据实战分析等。

第9章是移动网店运营，主要介绍了移动网店概述、抖音小店的运营、拼多多网店的运营等。

第10章是跨境电商网店运营，主要介绍了跨境电商平台基础、跨境电商网店运营概述、跨境电商平台全球速卖通运营等。

本书特色

（1）知识体系完整，定位零基础

本书系统地介绍了网店运营与管理全流程的相关知识，知识体系完整且具有较强的逻辑性。本书定位于网店运营与管理零基础读者，全书内容讲解循序渐进、由浅入深，力求帮助读者实现网店运营与管理从入门到精通。

（2）案例丰富，指导性强

本书编者皆为在电商领域有多年实战经验的高校教师，编者在编写过程中注重对读者实践操作技能的培养，书中配备了大量案例和操作图示，强调"学、做、练"一体化，让读者在学中做、在做中学，帮助读者学以致用，提升实操能力。

（3）贯彻立德树人，落实素养教学

本书深入贯彻党的二十大精神，落实立德树人根本任务，设置了"素养课堂"模块，内容融入遵纪守法、职业道德、行为规范、诚信经营、法治精神等，有助于读者形成正向、积极的世界观、人生观和价值观，以此推动培养德、智、体、美、劳全面发展的高素质人才。

（4）配套资源丰富，赋能立体化教学

本书提供丰富的教学资源，包括微课视频、ＰＰＴ课件、教学大纲、电子教案、课后习题答案等，全面赋能立体化教学，用书教师可登录人邮教育社区（www.ryjiaoyu.com）免费下载。

本书由邹益民、袁贵担任主编，张耀尹、陈望明、刘海珠担任副主编。由于编者水平有限，书中难免存在不足之处，恳请广大读者批评指正。

编　者

2023年9月

目录
CONTENTS

网上开店基础

本章引入

　　网上开店越来越受到人们的重视。在正式开店前，人们需要了解网上开店的基础知识。本章主要介绍网上开店的基本流程、网店定位、网上开店平台、商品的选择、商品定价等。通过本章的学习，读者可以对网上开店基础有一个初步的认识。

学习目标

知识目标	☑ 熟悉网上开店的基本流程 ☑ 熟悉网店定位 ☑ 熟悉网上开店平台
技能目标	☑ 掌握商品的选择 ☑ 掌握商品定价策略和商品定价因素
素养目标	☑ 增强国家崛起意识与文化自信 ☑ 培养国产品牌意识，增强爱国主义情感

知识框架

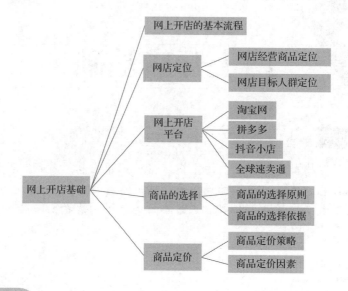

导引案例

在校大学生网上开店

在实体创业领域，大学生要跨越诸多门槛，创业成功率不超过10%。而网络创业的低门槛提高了创业者的创业成功率。张小雅，一个网上开店月收入过万元的女大学生。在很多同学即将工作的时候，她早已当上了名副其实的老板。

高中阶段，张小雅是住校生，学习比较忙，没什么时间逛街。那时候网购还是新鲜事，她听同学说可以在网上买衣服，感到很新奇，周末回家时就上网搜索了一番。虽然张小雅只在网上买过两次衣服，但是却无意间按网上开店流程注册了一家网店。

上大学后，张小雅身边有不少同学开始经营网店，张小雅才想起自己早已注册的网店。当时开网店的同学中做得比较多的是经营化妆品和家居用品，但是张小雅对这些不太感兴趣，她决定做自己感兴趣的羽毛球运动产品。

当然，网上开店赚钱也不是一件容易的事情。网店刚起步的时候，大多会遇到卖家信用低等重重困难。起初情况并不理想，张小雅的网店前3个月只有2500元左右的利润。但她未曾想过放弃，本着"对顾客认真负责、诚信为本、积极进取"的理念，生意逐步步入正轨，业务遍及全国。

据张小雅介绍，网店业务火爆的时候，一天要发出50多个快件，生意好的时候一个月的利润达到了20 000元左右。而租房、网店经营、产品推广、问题产品退换、快递等费用，每个月大概需要5000元。

张小雅还说，如今网店经营竞争越来越激烈，业绩无法持续攀升。如何在这种竞争中脱颖而出，成了她当前研究的问题。而回想起经营网店以来的心路历程，张小雅则用了一句话来概括：苦尽甘来，决不放弃，思想跟行动都要拼。

思考与讨论
（1）大学生如何做好网上开店？
（2）常见的网上开店平台有哪些？

1.1　网上开店的基本流程

　　网上开店之前，首先要考虑好经营什么商品，然后选择网上开店的网站。淘宝、京东等都是比较有名的网站，卖家可以根据情况选择。下面以淘宝网上开店为例，说明网上开店的流程，图1-1所示为淘宝网上开店的流程。

▲ 图1-1　淘宝网上开店的流程

1. 确定卖什么
　　卖家如果能找到别人不容易找到的特色商品进行售卖，将会是网上开店的一个好的开始。卖家只有保证其所卖的商品质优价廉才能留住买家。

2. 选择平台
　　一般自设服务器成本会很高，网上开店的低成本方式是选择一个提供网络交易服务的平台，注册成为该平台的用户。大多数平台会要求卖家用真实姓名和身份证等有效证件进行平台注册。注册时网店名字很重要，有特色的名字更能让买家注意到网店。

3. 申请开店
　　在平台上申请开设网店，要详细填写网店所提供商品的分类，以便让目标用户准确地找到网店。网店的卖家个人资料，应该如实填写，以增加信任度。

4. 店铺进货
　　在保证质量的情况下，低价进货、控制成本非常重要，卖家必须重视这一点。进货渠道包括从各地的批发市场、网站或厂家直接进货等。
　　卖家可以参观淘宝平台同类的网店，多研究高级店铺，看看高级店铺的商品、销售情况、特色，做到知己知彼。网店经营的商品最好是独特的。

5. 商品拍照
　　卖家应该为商品拍一些漂亮的照片，实拍照片能让买家感到真实，也能体现出卖家的用心。卖家要尽量把商品照片拍摄得美观点，但前提是不失真，处理过度的照片容易失真，有可能会给交易带来麻烦。

提示与技巧

　　照片拍摄好后，卖家可以在照片上打上一层淡淡的水印，水印上标明店名，这是为了防止他人盗用商品图片。

6. 发布商品

　　卖家在把每件商品的名称、产地、所在地、性质、外观、数量、交易方式、交易时限等信息发布在网店上时，最好搭配商品的图片。商品名称应尽量全面，突出优点。

　　商品描述必不可少，要注意网页美感，避免使用多种字体、颜色，也不要设置许多不同字号的字体，否则不仅没有条理性，让人找不到重点，而且过大或过小的字体容易让人感到厌烦。商品描述要条理分明，重点突出，阅读方便，令人感觉舒适。

提示与技巧

　　发布商品时，价格也是一个重要因素。大部分人在购物的时候，都会考虑价格因素，因此，卖家要为商品设置一个有竞争力的价格。当然，价格的高低跟货源、进货渠道有密切关系，卖家如果能购进比别人更便宜的货，那么其商品就比别人的商品更具有竞争力。

7. 营销推广

　　为了提高网店的人气，卖家在开店初期应适当地进行营销推广，但只在线上推广是不够的，要线上线下多种渠道一起推广。例如，卖家可以在购买网站流量大的页面上的"热门商品推荐"位置，将商品分类列表上的商品名称加粗、增加图片以吸引买家的注意力；卖家也可以利用不花钱的广告进行营销推广，如与其他网店和网站交换链接等。

8. 售中服务

　　买家在决定是否购买商品的时候，很可能需要卖家之前没有提供的很多信息，他们随时会在网上提出问题，卖家应及时并耐心地回复。需要注意的是，很多网站为了防止卖家私下交易以逃避交易费用，会禁止买卖双方在网上提供任何个人的联系方式，如邮箱、电话等，若有违反，将予以处罚。

9. 商品发货

　　商品卖出去了，收到打款通知以后，卖家要在设定的时间内完成商品的寄送，包括通知快递公司、完成发货、更新物流信息等。

　　物流的快慢也是买家购物时非常关心的问题。在产生订单后，卖家应当选择正规的快递公司尽快发货，及时更新物流信息，保证商品能够快速、安全地送到买家手中。

10. 评价并处理投诉

　　信用是网上交易中很重要的一个因素，为了共同建设信用环境，如果对交易满意，买卖双方应给予对方好评；如果对交易不满意，买家可给予差评，或者向网站投诉，以减少个人损失，并警示他人。如果买家投诉，卖家应尽快处理，以免降低网店信用。

11. 售后服务

　　商品卖出不代表交易就此结束，后面还有售后服务。不管是技术支持还是退换货服务，卖家都要做到位。

1.2 网店定位

网上开店必须以网店定位为前提，网店定位决定了网店的经营内容。卖家只有及时准确地将网店经营商品传递给目标用户，求得目标用户的认同，引起共鸣，该定位才是有效的。

扫一扫

课堂讨论

（1）如何做好网店的商品定位？

（2）如何做好网店的目标人群定位？

1.2.1 网店经营商品定位

确定要在网上开店后，网店经营商品定位就成为主要的问题。卖家在决定卖什么商品之前，要综合考虑自身财力、商品属性以及物流运输的便捷性来对所卖商品加以定位。目前，网上交易量比较大的商品包括服装、化妆品、珠宝饰品、数码家电、家居百货等。卖家寻找到好的市场和有竞争力的商品是成功定位的重要因素。

提示与技巧

有人在选择商品经营类目时，认为类目越大越好。像女装、男装等都是大类目，虽然买家的数量非常庞大，但是这些类目的竞争非常激烈，而且季节性非常明显，要求更新速度快，这对货源和运营团队的要求也非常高。

商品定位可以根据市场趋势，结合地理优势和自身条件进行选择。

1. 做好自身优势和资源分析

要做好自身优势和资源分析，卖家可从下面几个方面入手。

时间方面：是准备全职做网店，还是兼职做网店。

身份方面：是自由职业者、上班族、在校学生、失业人员，还是实体店、企业店的卖家等。

商品资源：有朋友做网店、有朋友开工厂有货源、自己家里有特产，还是没有任何货源。

2. 做好商品调研

分析完上述内容，确定自身定位，接下来就是做好商品调研。可以从淘宝平台入手，看看目前网上出售的商品有什么，热门商品有哪些，然后再看看目前自己想经营的商品在平台上的销量如何。

市场趋势调研是开设网店前非常重要的一个环节，网店的商品应该符合市场发展趋势。卖家可以结合目前市场上的商品需求来选择网店所要经营的商品类目，市场需求量越大说明买家的购买需求越强烈。例如，卖家可以结合百度指数判断搜索热度、搜索人气和搜索偏好情况，也可以结合买家的搜索趋势选择所经营的商品类目。图1-2所示为百度指数中搜索"耳机"人群的需求图谱。

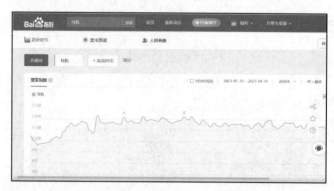

▲ 图1-2　百度指数中搜索"耳机"人群的需求图谱

我国地大物博，物产种类极其丰富，每个地方都有各自的特产，如浙江金华的火腿、四川的火锅底料等。卖家可以把所在地区的特产作为主营商品类目。

3. 结合商品自身属性

此外，商品自身属性也对销售有制约作用。一般而言，商品的价值高，收入也高，但投入相对较大。对于既无销售经验，又缺资金的创业者来讲，经营价值高的商品确实是不小的负担。

1.2.2　网店目标人群定位

网店目标人群指的是会购买网店商品的人群。网店目标人群定位即圈定网店的目标消费人群，找到网店所面向的客户群体。只有确定和定位了网店目标人群，才能对网店目标人群进行更精准的营销宣传，抓住他们的痛点。网店目标人群的定位可以从以下几个维度着手。

1. 人群的性别

人群的性别是网店目标人群定位要考虑的基本维度之一。首先要确定网店所销售的商品是面向男性客户群体还是女性客户群体。男性客户群体和女性客户群体在购买习惯、偏好风格上会有较大的差异。比如卖男装，那么店铺的重心就是为男性服务，虽然也会存在女性客户来购买的情况，但是需要抓住主流人群。

2. 人群的年龄

每个年龄阶段的人所需要的商品有所差异，既跟现有的经济水平相关，也跟需求有关，这对店铺商品的转化率影响很大。从年龄上看，大部分网购者为25～50岁的人，这部分人有一定的经济能力，追求商品品质，喜好性价比高的商品。

3. 人群的消费水平

网店目标人群的消费水平决定了网店销售商品的价格。针对消费水平不同的人群推出适合价位的商品，即可赢得大部分客户的认可，因此要明确网店所面向的客户群体的消费水平。卖家对网店目标客户群体的消费水平进行定位时可以通过调研分析电子商务平台的商品价格来确定。以淘宝网为例，卖家在淘宝网搜索页面可以通过确定价格段筛选商品，如图1-3所示。

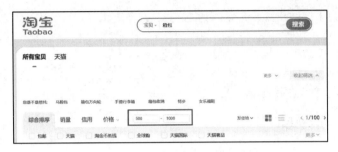

▲ 图1-3　淘宝网搜索页面

4．人群的职业

职业分成很多种，有些职业特征比较明显，如白领、学生。白领群体有一定的消费能力，在商品选择上会注重品质及款式等。学生群体整体的消费水平不高，通常追求商品款式，偏爱低价商品。

5．人群的购买需求

不同的买家在进行消费的时候，购买商品的需求存在较大的差异，原因主要是受社会环境、风俗习惯、时尚变化、个人认知、性格特征等的影响。卖家要及时了解买家的购买需求，并且选择品质较好的商品进行宣传与推广，这样买家接受商品的概率就会较高。

1.3　网上开店平台

扫一扫

网上开店平台的选择非常重要，初次在网上开店的卖家，很容易由于经验不足以及对网上开店平台了解比较少等而很盲目。目前常见的网上开店平台有淘宝网、拼多多、抖音小店、全球速卖通等。

1.3.1　淘宝网

淘宝网是深受中国人欢迎的网络购物平台，目前已经成为世界范围的电子商务交易平台之一。自2003年成立以来，淘宝网基于诚信为本的准则，从零做起，仅用了较短的时间便迅速处于国内个人交易市场的领先位置，创造了互联网企业的一个发展奇迹。图1-4所示为淘宝网首页。

▲ 图1-4　淘宝网首页

淘宝网致力于推动"货真价实、物美价廉、按需定制"网货的普及，以帮助更多的买
家享用海量且丰富的网货，获得更高的生活品质；
致力于提供网络销售平台等基础性服务，帮助更多
的企业开拓市场、建立品牌，实现产业升级，帮助
更多胸怀梦想的人通过网络实现创业。

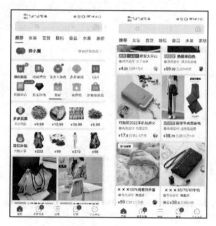

1.3.2 拼多多

拼多多是凭借"平台电商+社交"的优势，利
用微信流量池的庞大流量迅速崛起的网店平台。
图1-5所示为拼多多首页。

拼多多是社交分享电商的主要代表之一。拼多
多采用的模式是通过拼团，以及团长免单等方式引
起客户裂变，以需求广、单价低、性价比高的商品
为主，借助社交力量对相关信息进行传播。

▲ 图1-5 拼多多首页

> **提示与技巧**
>
> 产品与社交的力量让拼多多快速发展，有效利用社交是拼多多的最大优势，同时
> 拼多多的拼团购物模式也在微信社交圈中产生了强大的裂变引流效应。

1.3.3 抖音小店

抖音小店是抖音平台为电商卖家提供的实现"一站
式"经营的平台，为卖家提供全链路服务，帮助卖家长
效经营、高效交易，实现生意的新增长。通过将抖音账
号与抖音小店进行一对一的绑定，卖家可以实现对抖音
电商经营的高效整合管理，买家在购物过程中也能有更
加完整的"一站式"体验。抖音小店和淘宝店铺性质类
似，都可以卖货。图1-6所示为抖音小店页面。

为降低开店门槛，加大对全平台卖家的扶持力度，
抖音小店将支持个人开店，助力个人卖家轻松开店、便
捷经营。2023年3月1日起，个人仅需提供符合要求的身
份证明并通过实名认证，即可在抖音小店注册开店。

1.3.4 全球速卖通

▲ 图1-6 抖音小店页面

全球速卖通于2010年4月正式上线，是阿里巴巴集团旗下唯一面向全球市场的在线交
易平台，被广大卖家称为"国际版淘宝"。全球速卖通面向境外买家，通过支付宝国际账
户进行担保交易，并使用国际快递发货。

全球速卖通是阿里巴巴集团为卖家量身打造的一款实用的网上开店平台，能够让卖家
方便、快捷、有效地管理自己的店铺。图1-7所示为全球速卖通首页。全球速卖通致力于

服务全球中小创业者，能够快速连接全球超过200个国家和地区的买家，为全球买家带去一种崭新的生活方式。

1.4　商品的选择

商品的选择至关重要，可以说是网店运营与管理的关键环节。因此商品的选择原则、商品的选择依据，对新手卖家至关重要。

▲ 图1-7　全球速卖通首页

课堂讨论

（1）商品的选择原则有哪些？
（2）商品的选择依据有哪些？

扫一扫

1.4.1　商品的选择原则

商品的选择原则有以下几点，即选择高性价比的商品、选择有利润空间的商品、选择有独特性的商品、选择需求及时的商品、选择流行应季的商品、选择品质有保障的商品，如图1-8所示。

1. 选择高性价比的商品

人们选择网店平台购物，大多追求方便、便宜。所以，高性价比是符合消费群体心理的商品定位。不管在哪个平台，高性价比的商品都会更占优势。很多网店会给买家提供打折促销且七天无理由退换的福利，这一方面最大限度地保证了买家的权益，另一方面也让买家对店铺产生了极高的信任感，回头率高。所以，卖家在挑选商品时要做好调查，选择性价比高的商品。

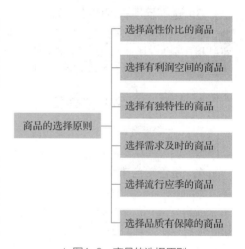

▲ 图1-8　商品的选择原则

2. 选择有利润空间的商品

有利润空间是选择商品的关键，只有存在利润空间，卖家才能进行后续的网上销售业务。一般而言，商品利润率高，卖家赚的钱就多。所以，卖家应选择利润率高的商品。价值越高的商品，利润率一般也越高。质量好、款式好、用户体验佳的商品比同类商品更有购买价值。

3. 选择有独特性的商品

商品的独特性是指商品的卖点。卖家要熟悉商品的特性，找出该商品与其他商品的差异，商品要巧妙别致、给人以美感，同时能够体现出商品品牌和特质。卖家可以用"商品

特征+商品优势+买家利益"来描述商品，如"面料更透气，衣服可以正反穿，穿上感觉很独特、很有个性，现在下单买一送一等"。

4. 选择需求及时的商品

卖家选择的商品要满足活动趋势和买家的需求。满足活动趋势是指卖家要在核心销售日如"双十一"、品牌日等目标消费人群集中、购买力和销售价值高、影响力大的时间段，把商品准备充足，并保证商品符合活动的主题，如七夕节的浪漫、中秋节的团圆和亲情等。

5. 选择流行应季的商品

每一个季节都有相应的畅销商品，买家也会在某个季节购买相应的畅销商品。如果在夏天售卖冬季才会使用的商品，不会有太多销量，所以最好选择应季的商品，如夏天销售空调、小风扇、凉席等商品，冬天销售保温杯、羽绒服等商品。

> **提示与技巧**
>
> 把握旺季，选对商品是关键。团队可以根据市场趋势、买家使用习惯及多平台近期的历史销售记录，挑选出具有销售潜力的商品。例如，夏季防晒需求高涨，买家对防晒霜需求提升，防晒霜销量自然大增。

6. 选择品质有保障的商品

卖家要想抓住年轻消费群体，在选择商品时可以选择品质有保障的商品。卖家需要对商品相关信息进行深入的了解与分析，包括生产企业的发展历史、商品的特点、消费群体、竞争对手、行业信息等情况，只有反馈好的商品才能持续得到买家的青睐。

1.4.2 商品的选择依据

卖家通常会找一些理由来支持选择的商品，这就是商品的选择依据，如图1-9所示。

1. 是否符合市场趋势

选品的第一步是观察市场趋势，市场趋势是买家需求变化的反映。卖家在观察分析市场趋势时，可从以下方面着手。

（1）品类整体趋势。如果品类整体销售额在快速上升，那说明买家对此类商品的需求在扩大，即该品类有充足的市场空间。

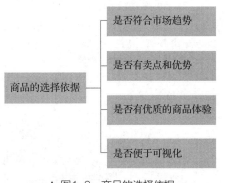
▲ 图1-9 商品的选择依据

（2）细分卖点趋势。细分卖点具体有新款式、新技术、新成分、新口味等，如果商品拥有呈上升趋势的细分卖点，那就更容易在竞争中胜出。

（3）价格趋势。有的品类趋向于走平价路线，有的品类则逐渐高端化。卖家了解价格趋势有助于更好地了解需求人群的购买力，从而进行更合理的定价。

2. 是否有卖点和优势

明确的商品卖点和优势可以推动买家购买商品。一些常见的商品卖点和优势如下。

（1）独特性。人无我有的独特性，让商品难以被替代。

（2）比较优势。人无我有，人有我优的比较优势。

（3）质量背书。如权威报告、权威机构检测/认证等。

3．是否有优质的商品体验

（1）优质的商品体验可以带来正向口碑，为品牌获取免费的曝光。

（2）优质的商品体验可以带来更高的店铺和商品评分，而高评分可以获得更多的自然流量推荐。相反，店铺和商品评分过低则会导致店铺被限流。

（3）优质的商品体验容易带来稳定的、较高的买家复购率，为品牌带来忠实的粉丝，创造长期收益。

4．是否便于可视化

越来越多的网店平台以短视频为主要形式进行商品呈现，因此商品的卖点一定要充分可视化，才能真正吸引买家。商品可视化的常见思路如下。

（1）展现服装、珠宝首饰等以外观和款式为主要卖点的商品，卖家通常需要设置合适的机位，确保商品呈现清晰完整，并配合合适的模特儿进行试穿展示，充分体现商品的款式设计优势。

（2）展现美妆、护肤、清洁等以功效性为主要卖点的商品，卖家可以通过现场试用讲解来突出使用商品前后的对比。

（3）展现生鲜、其他食品等商品，卖家可以通过现场试吃来突出感官体验，通过近景拍摄来强调商品质量。

素养课堂：年轻人热衷于国产品牌

近年来，中国消费市场发生了巨大的变化，人们不再热衷于国外品牌或者出国购物，取而代之的是国产品牌步入大众视野，登上了主舞台。而年轻一代也成了购买国产品牌的主力军。

阿里研究院发布的《2020年中国消费品牌发展报告》显示，中国本土品牌线上市场占有率已经达到72%。同时，根据《百度2021国潮骄傲搜索大数据》报告，"国潮"相关搜索热度在过去10年里上升了528%。国产品牌消费越来越成为新一代消费者的重要选择。其中，既有近些年崛起的新兴国产品牌，也有耳熟能详的传统国产品牌。近期的"国潮"不再局限于国风设计的文创产品或中国风元素的服装样式，而是国产品牌开始在特定消费领域形成巨大的影响力甚至开始引领潮流。例如，李宁就是一个可以赋予消费者超过服装本身价值的国产品牌。

电商平台正成为年轻消费者获取商品内容的主要渠道之一，网店成为购买国产品牌的新渠道。在电商平台的驱动下，"90后""00后"消费者购买力不断提升，年轻消费者正成为国产品牌消费主力。

年轻人生长在物质相对丰富的年代，惯以平等视角看待国外品牌，他们亲历国家经济飞速发展，拥有更高的文化素养与更开阔的眼界。国家崛起与文化自信的时代背景，也催生这代年轻人在乎品牌的文化内核、个性表达，愿意为与众不同的优质国产品牌买单。好用、时髦又具文化底蕴的国产品牌与年轻人的诉求不谋而合。

越来越多的中国产品在海外成功圈粉的同时，越来越多的中国服务在更多国家生根，越来越多的中国标准在国际舞台崭露头角。国产品牌当自强，期待整个行业不断增品种、提品质、创品牌，满足国内外消费市场的需求，也期待更多国产品牌内外兼修、形神齐备，带来更多惊喜。

中国国力越来越强盛，文化也在日益崛起，这样的大背景给当代年轻人一种很强的时代感召力，使其愿意去建立属于这个时代的文化归属感，彰显自己所在群体和其他社会群体的不同。

1.5 商品定价

在市场环境不断变化的时代，网店经营者要把自己的商品成功地销售出去，必须掌握商品的定价方法。

1.5.1 商品定价策略

商品定价策略直接影响买家的消费意向，奇特的定价策略会给买家带来心理刺激。不同的商品定价策略对买家产生的心理影响也不相同。一般来说，常见的商品定价策略有以下几种，如图1-10所示。

1. 习惯定价

习惯定价法是根据市场上已经形成的习惯来定价的方法。有许多日用品，由于买家时常购买，形成了一种习惯价格，即买家很容易按某价格购买，这类商品销售应遵守习惯定价，不宜轻易变动价格，否则买家会产生不满。如果原材料涨价，商品需要提价时，卖家要特别谨慎，可以通过适当地减少分量等方法来解决。

2. 批量购买定价

批量购买定价是指根据买家购买量的差异来制定不同的价格，随着买家购买量的增加，单位商品的价格在不断地降低。

卖家可以通过搭配将几种商品组合在一起设置成套装来销售，让买家一次性购买更多的商品，提升销售业绩，提高店铺转化率，节约人力成本。

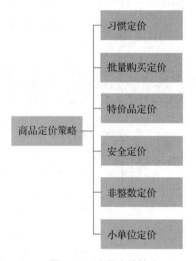

▲ 图1-10　商品定价策略

3. 特价品定价

卖家将少量商品的价格降低，以此来吸引买家，增加其对其他商品的连带式购买，以便达到销售的目的。这种方法适用于多数家庭需要的特价品，而且市场价格要为广大买家所熟悉，这样才能让买家知道这种商品的价格比市场价格低，从而招来更多的买家。

4. 安全定价

安全定价是一种很稳妥的定价策略。商品定价适中，会减少市场风险，卖家可在一定时期内将投资成本收回，并获得适当的利润。采用安全定价的商品，买家有能力购买，卖家也便于销售。

5．非整数定价

把商品零售价格定成带有零头的价格的做法被称为非整数定价法。实践证明，采用非整数定价法确实能够与买家产生良好的心理呼应，获得明显的经营效果。例如，定价9.9元的商品比定价10元的商品更能激发买家的购买欲望。

6．小单位定价

定价时采用小单位，会让买家感觉商品比较便宜，如将茶叶每千克1000元定成1元/克。或用较小单位商品的价格进行比较，如"使用这种电冰箱每天只耗电0.5千瓦·时，约0.2元"！

1.5.2　商品定价因素

商品定价的目标是促进销售、获得利润，因此在商品定价时需要考虑的因素有很多，具体来说，要特别注意以下因素，如图1-11所示。

▲ 图1-11　商品定价因素

> **课堂讨论**
>
> 假如你是一位女装店店长，你在商品定价时考虑的因素有哪些？

1．商品成本

成本是影响商品价格的重要因素，可以以商品成本加上一定的盈利来确定商品价格。商品成本除了商品本身的生产成本之外，还包括物流仓储成本、平台佣金、人力成本、营销推广成本等各项费用。在正常情况下，即在市场环境的许多因素趋于稳定的情况下，运用这种方法能够保证卖家获取正常利润。同时，在这种方法下同类商品在各店的成本和利润率都比较接近，价格不会相差太大，店铺间的竞争不会太激烈。

2．商品形象

一些历史悠久的品牌店铺，商品品质优良、服务周到，已经有一定的知名度，即商品形象良好，买家在逢年过节要买礼品送人时，就会想到它，因此其商品定价可以稍高。

3．竞品价格

买家在选择同类商品时，价格是很重要的一个影响因素，因此卖家进行商品定价时也要参考竞争对手的价格。卖家可以利用比较购物网站，在上面输入自己要经营的商品名称，在查询结果中就可以知道同类商品在网上的报价，再仔细权衡，从而为自己的商品定价。

4．网店定位

不同的网店按照在不同平台上的定位来制定价格，如现在部分拼多多网店的定位是面向中低端消费群体，网店整体的商品定价都会比较低。

5．商品定位

在给商品定价时还要考虑商品在网店中的定位。商品定价可以区分高价位的商品和低

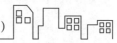

价位的商品。有时为了促销，卖家甚至可以将一两款商品按成本价出售，以吸引眼球、增加人气。例如，引流款和活动款要求有比较明显的价格优势，往往商品利润空间较小，定价偏低；而利润款和形象款相对来说商品利润空间较大，定价也会偏高。

案例分析

商品的选择渠道

要想通过网店卖货，首先要有物美价廉的货源。货源渠道分为线上渠道和线下渠道两种，各有优劣，需要卖家结合自身实际进行选择。

1. 线上渠道

线上渠道的优点就是卖家没有囤货的压力，发货比较省时省力，方便且快捷；缺点是有时候无法看到实物，卖家不容易控制商品的质量。目前，线上渠道有以下两类。

（1）货源批发网站。货源批发网站是很多新手卖家都会选择的货源渠道。比较知名的是阿里巴巴采购批发网，如图1-12所示。该平台有很多一手货源，价格比较便宜，有些还支持一件代发。

▲ 图1-12 阿里巴巴采购批发网

阿里巴巴采购批发网是全球企业间电子商务的知名网站平台，为网商提供海量商机信息和便捷安全的在线交易市场；从海量商品中甄选热销新品、优质好商品，为用户采购批发提供风向标。

（2）分销网站。有很多提供批发服务的分销网站适合中小卖家选择货源，如途购网、生意网、美美淘、中国制造网等。在这些平台上，卖家应尽量选择满足以下条件的货源：提供图片或数据包、可以直接上传商品、价格有优势、可以一件代发、售后服务良好。

2. 线下渠道

线下渠道比较适合有一定资金的卖家，其可以根据情况自己控制货源、把控商品；但是选择线下渠道囤货压力比较大，还会增加一些额外的人力成本。目前线下渠道有以下4类。

（1）批发市场进货。虽然厂家提供一手货，但是一般会与大客户固定合作，通常不会和小卖家合作。批发市场的商品价格一般比较便宜，因此是卖家常用的货源渠道。

（2）厂家进货。商品从生产厂家到买家手中，要经过许多环节，其基本流程是：生产厂家—全国批发商—地方批发商—终端批发商—零售商—买家。

如果可以直接从厂家进货，且有稳定的进货量，那么卖家就能拿到理想的价格。而且正规的厂家货源充足，信誉度高，如果卖家长期与其合作，一般都能争取到商品调换和退货还款服务。但需要注意的是，厂家要求的起批量非常大。以外贸服装为例，厂家要求的起批量至少在近百件或上千件，达不到要求是很难争取到合作的。

（3）品牌积压库存进货。品牌商品在网上是备受关注的分类之一。很多买家都通过搜索的方式直接寻找自己心仪的品牌商品。有些品牌商品的库存积压很多，一些卖家干脆把库存全部卖给专职网络销售的卖家。不少品牌商品虽然在某一地域属于积压品，但网络销售具有的覆盖面广的特性可使该商品在其他地域成为畅销品。

（4）利用人际关系寻找货源。人际资源是无价的资源，是潜在的资产，是无法用金钱来估量的。卖家可以利用自己的人际关系寻找货源，这不仅可以节省成本，也可以保障商品售后服务。

思考与练习

一、名词解释

1. 网店经营商品定位
2. 网店目标人群定位
3. 抖音小店
4. 非整数定价

二、选择题

1. （　　）是开设网店前非常重要的一个环节，网店的商品应该符合市场发展趋势。

    A. 市场趋势调研　　　　　B. 做好自身优势分析　　　　C. 资源分析

2. 网店目标人群的（　　）决定了网店销售商品的价格。

    A. 年龄　　　　　　　　　B. 消费水平　　　　　　　　C. 职业

3. （　　）是凭借"平台电商+社交"的优势，利用微信流量池的庞大流量迅速崛起的网店平台。

    A. 淘宝网　　　　　　　　B. 抖音小店　　　　　　　　C. 拼多多

4. （　　）是指根据买家购买量的差异来制定不同的价格，随着买家购买量的增加，单位商品的价格在不断地降低。

    A. 批量购买定价　　　　　B. 特价品定价　　　　　　　C. 安全定价

三、思考题

1. 网上开店的基本流程是怎样的？
2. 如何做好网店目标人群定位？
3. 常见的网上开店平台有哪些？
4. 商品的选择原则有哪些？
5. 商品定价策略有哪些？

任务实训

下面讲述在阿里巴巴采购批发网选择进货的商品的具体操作步骤。

（1）进入阿里巴巴采购批发网首页，在搜索框中输入要搜索的商品，如图1-13所示。

▲ 图1-13 输入要搜索的商品

（2）在搜索结果页面中，选择其中一个商品，如图1-14所示。

▲ 图1-14 选择商品

（3）进入商品详情页面查看商品详细信息，如果觉得商品合适，可以单击"立即订购"按钮批发进货，如图1-15所示。

▲ 图1-15 查看商品详细信息

商品发布与网店管理

本章引入

　　本章讲解商品发布与网店管理，包括网店的开通、网店的基本设置、商品上传与发布、商品交易管理、客户服务管理等。通过本章的学习，读者可以对使用淘宝网店发布商品与网店管理功能有一个初步的认识。

学习目标

知识目标	☑ 熟悉网店的基本设置 ☑ 熟悉客户服务管理
技能目标	☑ 掌握网店的开通 ☑ 掌握商品上传与发布 ☑ 掌握商品交易管理
素养目标	☑ 培养责任意识，遵守平台规则 ☑ 具备与电商相关的常识

知识框架

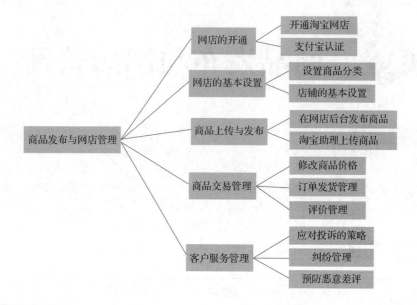

导引案例

下岗失业者淘宝开店变老板

如今李晓敏对自己的生活和工作都很满意，她每天有很多时间上网关注自己的网店，而且经营得很不错，所以不再担心没有工作要怎么生活的问题，同时也有时间做自己以前想做而没做的事情。这样的生活，让很多人对李晓敏美慕不已。

李晓敏前几年的生活和工作与现在截然相反，那时李晓敏成了失业者。在没找到正式工作时，李晓敏会抽些时间去做兼职来赚钱维持生活。在一次兼职结束后，一个朋友给她打了个电话，说："有时间的话，可以在网上开店赚钱，而且网店很受年轻人的青睐，刚好可以解决找工作的难题。"李晓敏也觉得这是个不错的建议，值得试试。

李晓敏抱着试试的心态在淘宝开起了网店。自从李晓敏把网店开起来后，网店的买家浏览量很大，虽然成交率一开始不是很高，但是李晓敏一直在不断地优化自己的网店，如优化商品标题、优化商品主图、优化商品详情页。李晓敏自己也会使用一些免费的推广方法宣传自己的网店，经过不断推广、宣传，李晓敏网店的浏览量每天都在增加，并且成交量也从三天一笔到一天一笔，直到现在的一天三百多笔，这让身为新手的李晓敏更加兴奋，也让她对网店的盈利能力充满信心。

思考与讨论

（1）下岗失业人员淘宝开店有什么优势和劣势？

（2）新手开店后，怎样免费优化推广自己的网店？

2.1　网店的开通

　　卖家在淘宝网上开店，首先要开通网店和进行支付宝实名认证，只有开通网店后才能享受网店平台提供的各种服务。

2.1.1　开通淘宝网店

　　目前在淘宝平台开店，有三个开店身份可以选择，分别是普通商家、达人商家、品牌商家。下面以开设个人店铺为例讲述淘宝网店的开通，具体操作步骤如下。

　　（1）打开淘宝网首页，单击页面右上角的"免费开店"，如图2-1所示。

▲ 图2-1　单击"免费开店"

　　（2）进入"淘宝免费开店"页面，选择开店适用身份，此处单击"普通商家"图标，如图2-2所示。

▲ 图2-2　单击"普通商家"图标

　　（3）选择店铺主体类型，可以选择个人商家、个体工商户商家、企业商家，此处单击个人商家下的"去开店"按钮，如图2-3所示。

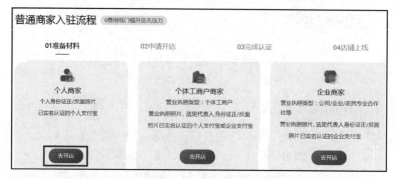

▲ 图2-3 单击个人商家下的"去开店"按钮

（4）打开图2-4所示的"个人开店"页面，输入"店铺名称"和"手机号码"，单击"验证码"文本框右侧的"发送"字样，手机即可收到短信验证码，输入验证码后，勾选协议，单击"0元开店"按钮。

（5）打开图2-5所示的"开店认证"页面，首先完成支付宝认证，单击"去绑定"按钮，按照提示流程完成支付宝认证。接着完善认证信息和进行实人认证后即开店成功。

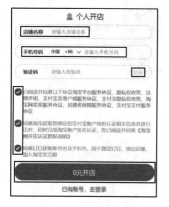

▲ 图2-4 "个人开店"页面

▲ 图2-5 单击"去绑定"按钮

2.1.2 支付宝认证

支付宝认证是由支付宝公司与公安部门联合推出的一项身份识别服务，通过支付宝认证后，相当于拥有了一张互联网身份证，可以在淘宝网等众多电子商务平台开店、出售商品。支付宝消除了买卖双方的疑虑，最大限度地保证了交易安全。支付宝认证的具体操作步骤如下。

（1）登录淘宝网，打开图2-6所示的页面，单击"去认证"按钮。

（2）进入"身份认证"页面，输入"姓名"和"证件号码"。认证方式有两种：法定代表人认证，需信息登记的法定代表人证件持有人本人刷脸认证；非法定代表人认证，需店铺实际经营人上传身份证件图片后完成刷脸认证。单击"确认并提交"按钮，随后按照提示流程完成支付宝认证，如图2-7所示。

▲ 图2-6　单击"去认证"按钮　　　　▲ 图2-7　身份认证

2.2　网店的基本设置

当开通店铺并发布商品后，接下来就可以设置店铺。设置店铺不但可以使店铺更美观，而且能体现卖家对店铺的重视程度，使买家觉得卖家在用心经营，从而提升买家对店铺的好感。

> **课堂讨论**
>
> 如何做好网店的商品分类？

2.2.1　设置商品分类

合理的商品分类可以使店铺的商品更清晰，方便买家快速浏览与查找自己想要的商品。如果店铺发布的商品数目较多，那么合理的分类就显得尤为重要，设置商品分类的具体操作步骤如下。

扫一扫

（1）进入千牛工作台，执行"店铺"—"店铺装修"—"PC端店铺装修"—"宝贝分类"命令，如图2-8所示。

▲ 图2-8　执行命令

> **提示与技巧**
>
> - 通过类目属性对商品进行分类，如鞋子、上衣、裤子。
> - 通过上架时间对商品进行分类。
> - 通过活动对商品进行分类。
> - 通过价格对商品进行分类，如把商品按照高、中、低三个价格档次进行分类管理。

（2）在"分类管理"页面中，单击"添加手工分类"按钮，然后在"分类名称"下的文本框中输入分类的名称，如图2-9所示。

▲ 图2-9 商品分类管理

（3）单击"添加图片"按钮，打开对话框，如果添加的是网络图片，那么直接在文本框中输入图片的地址，然后单击"确定"按钮，也可以通过选中"插入图片空间图片"插入图片，如图2-10所示。

▲ 图2-10 插入图片

（4）如果要添加子分类，则只需单击"添加子分类"按钮，再填写子分类的内容，如图2-11所示。

▲ 图2-11 添加子分类

（5）单击向上的箭头或向下的箭头可以将商品分类上移或下移，如图2-12所示。

▲ 图2-12　将商品分类上移或下移

2.2.2　店铺的基本设置

扫一扫

店铺的基本设置包括店铺名称和店标设置，店铺的基本设置的具体操作步骤如下。

（1）登录千牛工作台，执行"店铺"—"店铺管理"—"店铺信息"命令，进入"店铺信息"页面，单击"修改信息"，如图2-13所示。

▲ 图2-13　单击"修改信息"

（2）打开"基础信息"页面，输入店铺名称，单击"在线制作"按钮，如图2-14所示。

▲ 图2-14　"基础信息"页面

（3）打开"店铺标志"对话框，在其中选择店铺标志样式后，单击"确认上传"按钮，如图2-15所示。

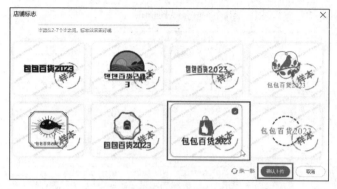

▲ 图2-15　选择店铺标志样式

（4）店铺标志成功上传的结果如图2-16所示。

▲ 图2-16　成功上传店铺标志

2.3　商品上传与发布

开通网店后要上传与发布商品，店铺里面有商品才可以开始运营。

> **课堂讨论**
>
> （1）在淘宝网发布商品有哪些方法？
> （2）在淘宝网发布商品时有哪些需要注意的地方？

2.3.1　在网店后台发布商品

在淘宝网店后台发布商品的具体操作步骤如下。

（1）登录千牛工作台，执行"商品"—"商品管理"—"发布宝贝"命令，如图2-17所示。

扫一扫

▲ 图2-17 执行命令

（2）进入"商品发布"页面，单击"添加上传图片"按钮，在"商品类型"下选中"一口价"，如图2-18所示。

▲ 图2-18 商品发布

提示与技巧

　　广义的淘宝商品主图就是指买家浏览某个商品详情页，详情页顶部展现在买家眼前的5张图片。商品主图是吸引买家进入店铺的一个因素，要想让买家进入店铺并达成交易，就需要使用好的商品主图。因此，商品主图是非常重要的，它关系着店铺的品牌形象和品牌定位。商品主图建议尺寸为800像素×800像素，长和宽的比例是1：1。

　　（3）在打开的"图片空间"页面中选择要上传的商品主图，如果图片空间中没有想要的商品主图，可以单击"上传图片"按钮从本地计算机中选择图片上传，如图2-19所示。

　　（4）确认商品类目。从列表中选择相应的类目，单击"确认类目，继续完善"按钮，如图2-20所示。需要注意的是，只有将类目选择正确，商品才能更容易地被搜索到。

▲ 图2-19　选择要上传的商品主图

▲ 图2-20　确认商品类目

（5）设置商品基础信息，如宝贝标题、类目属性等，如图2-21所示。

▲ 图2-21　设置基础信息

（6）设置销售信息，其中关键的是设置合理的一口价，如图2-22所示。

▲ 图2-22 设置销售信息

（7）设置物流信息，为了提升买家购物体验，淘宝网要求对全网商品设置运费模板，如图2-23所示。

▲ 图2-23 设置物流信息

（8）设置支付信息，如图2-24所示。

▲ 图2-24 设置支付信息

（9）填写商品描述信息，当设置完毕后，单击"提交宝贝信息"按钮，即可成功发布商品，如图2-25所示。

▲ 图2-25 填写商品描述信息

提示与技巧

首先，在商品描述信息中一定要把商品的优势和特色详细地描述出来，商品的优势和特色本身也是商品的卖点。

其次，一定要站在买家的角度去思考，如果自己要购买这类商品，那么自己会关心哪些问题。比如，材质、尺寸、市场价、重量、颜色、适合人群、商品相关文化、真假、赠品、服务承诺、支付方式等都是要考虑到的。

最后，可以介绍一些商品的使用方法和注意事项，更加贴心地为买家考虑。

素养课堂：淘宝网商品发布基本规范

卖家应当按照淘宝网系统设置的流程和要求发布商品，部分涉嫌违规风险的商品须通过审核后方可展示。卖家发布商品，应当严格遵守《淘宝平台规则总则》中"信息发布"的基本原则，并遵守以下基本要求。

（1）卖家应当对商品做出完整、一致、真实的描述。①完整性。为保证买家更全面地了解商品，购买商品时拥有充分知情权，卖家应在发布商品时完整列示商品的主要信息，包括但不限于：商品本身（基本属性、规格、保质期、瑕疵等）、品牌、外包装、发货情况、交易附带物等。②一致性。商品的描述信息在商品页面各板块中（如商品标题、主图、属性、详情描述等）应保证要素一致性。③真实性。卖家应根据所售商品的属性如实描述商品信息，并及时维护更新，保证商品信息真实、正确、有效；不得夸大、过度、虚假承诺商品效果及程度等。

（2）卖家应保证其出售的商品在合理期限内可以正常使用，包括商品不存在危及人身财产安全的不合理危险、具备商品应当具备的使用性能、符合商品或其包装上注明采用的标准等。

（3）不得发布违反法律法规、协议或规则的商品信息，包括但不限于以下内容。①不得使用代表党和国家形象的元素，或利用国家重大活动、重大纪念日和国家机关及其工作人员名义等，进行销售或宣传。②不得发布侵害平台及第三方合法权益（如商标权、著作权、专利权等）或易造成消费者混淆的商品或信息。③不得发布或推送含易导致交易风险的第三方商品或信息，如发布社交、导购、团购、促销、购物平台等第三方网站或客户端的名称、LOGO、二维码、超链接、联系账号等信息。④不得重复铺货，即店铺中不得同时出售两件以上同款商品。⑤不得通过编辑变更商品的类目、品牌、型号等关键属性使其成为另一款商品。⑥不得发布其他违反《淘宝平台违禁信息管理规则》《淘宝平台交互风险信息管理规则》《淘宝网市场管理与违规处理规范》等规则的商品或信息。

卖家要守法经营、诚信经营，以诚信企业、诚信品牌、诚信质量为目标，让消费者放心、满意，做到合法经营、诚实守信、主动承担社会责任。卖家要严格遵守相关法律法规及政策，做到不降低质量、不制假售假、不发布虚假违法广告。

2.3.2 淘宝助理上传商品

淘宝助理是一款功能强大的客户端工具软件，它提供了一个方便的管理界面。通过淘宝助理上传商品的操作很简单，创建编辑完商品后，卖家可以将它们一次性全部上传到淘宝网站上。利用淘宝助理上传商品，卖家具体操作步骤如下。

（1）打开淘宝助理软件，输入会员名和密码，单击"登录"按钮，登录淘宝助理，如图2-26所示。

（2）单击"宝贝管理"标签，如图2-27所示。

▲ 图2-26 输入会员名和密码

▲ 图2-27 单击"宝贝管理"标签

（3）打开"宝贝管理"窗口，执行"创建宝贝"—"新建空白宝贝"命令，如图2-28所示。

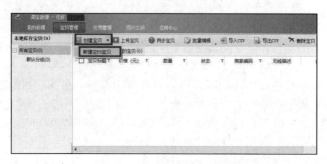

▲ 图2-28 "宝贝管理"窗口

（4）打开"创建宝贝"窗口，填写基本信息，单击"选类目"按钮，如图2-29所示。

▲ 图2-29 填写基本信息

（5）打开"选择类目"对话框，选择合适的类目，如图2-30所示。

（6）选好后单击"确定"按钮，添加类目，设置类目属性，单击"添加图片"，如图2-31所示。

▲ 图2-30 选择类目   ▲ 图2-31 设置类目属性

（7）打开"选择图片"对话框，单击"选择要上传的图片"按钮，如图2-32所示。

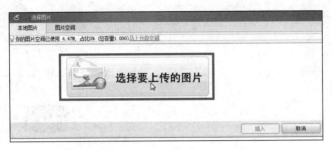

▲ 图2-32 单击"选择要上传的图片"按钮

（8）打开"选择图片"对话框，在本地文件夹中选择图片，单击"打开"按钮，如图2-33所示。

▲ 图2-33 选择图片

（9）添加图片，单击"插入"按钮，如图2-34所示。

▲ 图2-34 单击"插入"按钮

（10）成功添加图片，单击"宝贝描述"标签，如图2-35所示。

▲ 图2-35 单击"宝贝描述"标签

（11）打开"宝贝描述"窗口，输入宝贝描述，如图2-36所示。

▲ 图2-36 输入宝贝描述

（12）单击"销售属性"标签，选择颜色分类并设置其属性，如图2-37所示。

▲ 图2-37 设置销售属性

（13）在"宝贝管理"页面中单击"上传宝贝"按钮，打开"上传宝贝"对话框，单击"上传"按钮，如图2-38所示。

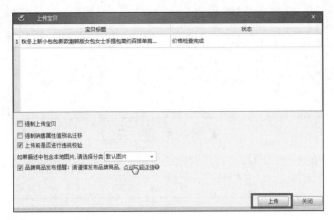

▲ 图2-38 "上传宝贝"对话框

（14）成功上传商品，如图2-39所示。

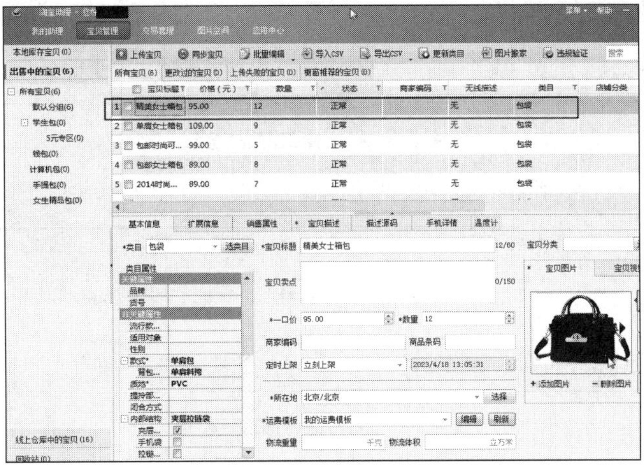

▲ 图2-39 成功上传商品

2.4 商品交易管理

从商品上架到完成交易、收到货款、得到买家的好评，要做很多重复、单调的工作，不管这些工作多么枯燥，卖家都必须认真、负责地去做。

2.4.1 修改商品价格

网上卖东西和实体店销售一样，经常会遇到讨价还价的买家，这时卖家可以修改最初设定的一口价，从而完成交易。修改商品价格的具体操作步骤如下。

扫一扫

（1）登录千牛工作台，执行"交易"—"订单管理"—"已卖出的宝贝"命令，进入"已卖出的宝贝"页面，再单击商品价格下面的"修改价格"，如图2-40所示。

▲ 图2-40 执行命令

（2）在打开的对话框中修改商品的价格，输入折扣或者单击"免运费"都可以修改商品价格，修改后再单击"确定"按钮，如图2-41所示。

▲ 图2-41 修改商品价格

（3）成功修改商品价格，如图2-42所示。

▲ 图2-42 成功修改商品价格

2.4.2 订单发货管理

当买家付款后，商品的交易状态变成"买家已付款"，此时卖家就应提供发货服务，发货的具体操作步骤如下。

（1）登录千牛工作台，执行"交易"—"订单管理"—"已卖出的宝贝"命令，进入"已卖出的宝贝"页面，单击需要发货的商品后面的"发货"按钮，如图2-43所示。

▲ 图2-43 "已卖出的宝贝"页面

（2）进入"发货"页面，在确认完毕后，选择合适的物流公司发货，如图2-44所示。

▲ 图2-44 "发货"页面

（3）成功发出商品，如图2-45所示。

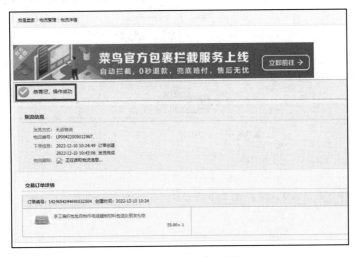

▲ 图2-45 成功发出商品

2.4.3 评价管理

当淘宝网用户在个人交易平台使用支付宝成功完成一笔交易后，买卖双方均有权对对方交易的情况做出评价，这个评价又称信用评价。当买家收到货并确认收货后，卖家应及时对买家做出评价。

卖家对买家做出评价的具体操作步骤如下。

（1）登录千牛工作台，执行"交易"—"订单管理"—"已卖出的宝贝"命令，进入"已卖出的宝贝"页面，若买方已经评价，则单击"评价"，如图2-46所示。

扫一扫

▲ 图2-46　单击"评价"

（2）进入评价页面，选中"好评"，输入评价内容，然后单击"发表评论"按钮，如图2-47所示。

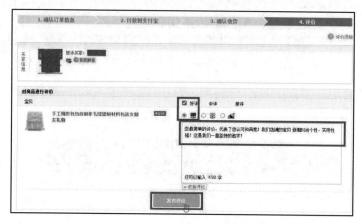

▲ 图2-47　单击"发表评论"按钮

（3）成功评价，如图2-48所示。

▲ 图2-48　成功评价

2.5　客户服务管理

下面介绍客户服务管理，包括应对投诉的策略、纠纷管理、预防恶意差评等。

2.5.1　应对投诉的策略

在销售过程中，卖家可能会遇到买家各种各样的投诉，如果不能正确处理买家的投诉，那么将给店铺带来极大的负面影响。因此，卖家一定要积极地回应买家的投诉，耐心地对买家做出解释，消除买家的不满。卖家应对买家投诉的策略主要有以下几个方面。

1. 重视买家投诉

重视买家投诉不仅可以促进卖家与买家之间的沟通，还可以诊断出卖家的内部经营与管理所存在的问题，通过买家的投诉发现店铺需要改进的地方。

2. 及时道歉

当有买家投诉时，卖家应主动向买家道歉，因为给买家带来了不佳的购物体验。及时向买家道歉有利于消除买家的不良情绪，有助于留住客户。

3. 耐心并真诚地承认错误

在处理投诉时，卖家要耐心地倾听买家的抱怨，不要轻易打断买家，不要批评买家的不足，而是要鼓励买家倾诉，让他们尽情地宣泄心中的不满。当耐心地听完买家的倾诉后，再真诚地承认错误，这样就能让买家接受卖家的解释和道歉。

4. 态度好、语言得体

卖家态度谦和、友好，会促使买家平稳心绪，理智地协商并解决问题。买家因对商品或服务不满而进行了投诉，其在发泄不满的过程中可能会言语过激，如果此时卖家与之针锋相对，势必会使问题恶化。在解释问题的过程中，卖家还应注意措辞，要合情合理，尽量用委婉的语言与买家沟通，最终使问题得到解决。

5. 倾听买家的诉说

卖家应以关心的态度倾听买家的诉说，然后用自己的话把买家提出的问题重复一遍，确保已经理解了买家投诉的问题所在，并且对此与买家达成一致。如果可能，卖家应告诉买家自己会想尽一切办法来解决其提出的问题。面对买家的投诉，卖家应掌握聆听的技巧，找出买家投诉的真正原因及买家期望得到的处理结果。

6. 正确、及时地解决问题

对于买家的投诉，卖家应该正确、及时地进行处理，拖延时间只会使买家越来越不满。例如，买家投诉商品的质量不好，如果卖家通过调查发现，主要原因在于买家使用不当，那么这时卖家应及时告诉买家正确的使用方法，而不能简单地认为与自己无关，不予理睬；如果卖家经过调查发现商品确实存在问题，则应及时为买家退换货，并尽快告知其处理结果。

7. 记录买家投诉与解决的情况

对于较复杂的事件，需要向买家详细询问事件发生的缘由与过程，详细记录事件发生的时间、人物、经过等细节内容，表示理解买家的心情，并给予买家确定的回复时间。在处理买家投诉时，卖家如果发现是商品质量问题，则应及时为买家退换货；卖家如果发现是服务态度与沟通技巧问题，则应加强对客服人员的教育与培训。

8. 追踪买家对投诉处理结果的反应

当处理完买家的投诉之后，卖家应与买家积极沟通，了解买家对处理结果的态度和看法，提升买家对卖家的忠诚度。

2.5.2 纠纷管理

当交易出现纠纷时，卖家积极主动地处理问题往往可以息事宁人，还有助于获得买家的赞誉。而加入了"消费者保障计划"的卖家更需要重视这一点，如果没有很好地处理交易纠纷，淘宝网可能会使用冻结的保证金对买家进行先行赔付。

容易退货是对买家采取购买行动影响最大的因素，它的影响甚至超过了对服务和商品的选择。因此，卖家应该清楚地告诉买家，在什么样的条件下可以退货，以及往返运输费用由谁来承担，否则买家会因为不清楚退换货的条件而犹豫是否购买。

退货是每个卖家必须面对的一个重要问题。那么，卖家应该如何预防退货，使得退货损失最小化呢？

1．制定合理的退货政策

卖家应对退货条件、退货手续、退货价格、退货比率、退货费用分摊、退货货款回收及违约责任等制定一系列标准。

2．加强验货

卖家应在进货等各个环节加强验货，以尽可能在发货前发现商品存在的缺陷。

3．引入信息化管理系统

单纯地依靠人工，无法准确、实时地把握商品管理的每个细节。因此，卖家应引入信息化管理系统，以快速查看买家的具体消费情况。现在，大多数卖家都有自己的自动化退换货系统。

4．把握好进货数量

卖家应加强对每日销量的预测，不要一次进太多货，应合理、高效地进货，采取"少进勤添"的进货方式，忌盲目进货，千万不要贪图因进货量大而得到的便宜价格，如果大量货物销售不出去，资金难以周转，那就得不偿失了。

2.5.3 预防恶意差评

如今，在网上购物的人越来越多，但是在交易量和购物人数急剧增加的同时，也出现了越来越多的交易纠纷。一些不良买家对卖家进行恶意差评甚至投诉。那么，卖家应怎样预防恶意差评呢？

（1）卖家在发布商品前仔细核对商品价格，最好在商品描述里再次注明具体价格，做到有备无患，万一发布的价格不对，在描述里也有据可寻。

（2）卖家务必在店铺公告、介绍或者商品描述里写明注意事项，如"在本店购买商品需要先和卖家沟通，擅自拍下造成的后果由买家自负"等注意事项。即使买家恶意拍下，以后在处理纠纷过程中将此注意事项出示给平台，对卖家也会有很大的帮助。

（3）卖家在做好以上两点后，万一遇到不良买家要挟，如给差评、投诉，卖家也别怕，可以先友好地和买家协商，如果买家提无理要求，就义正词严地反击，因为一味退让可能会助长对方的嚣张气焰，但注意千万不要辱骂买家。

（4）卖家要看买家信誉，如果对方是没有信誉或者信誉很差的买家，那么可以拒绝销售商品给他。

（5）卖家要核实收货地址、电话、联系人等信息是否属实。在发货前，卖家最好通过千牛工作台确认买家信息，如果对方不在线，则可以打电话核实。

（6）一定要把交易过程中的聊天记录保存好，当买家进行恶意差评时，卖家就可以把聊天截图出示给平台。

（7）如果已经遭遇恶意差评，卖家则可以拨打淘宝客服电话进行投诉，注意保留所有交易、聊天的记录以作为证据。

提示与技巧

注意一定要确保证据的一致性，并讲明事情的严重性。

案例分析

案例1——批量导出商品

为了方便用户备份数据或转移数据，淘宝助理提供了导出与导入数据功能。导出数据的具体操作步骤如下。

（1）打开淘宝助理，在商品列表中选择要导出的商品，执行"导出CSV"—"导出勾选宝贝"命令，如图2-49所示。

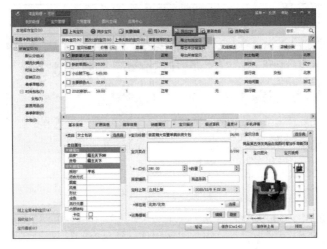

▲ 图2-49　导出商品

（2）打开"保存"对话框，如图2-50所示。选择相应的保存位置，单击"保存"按钮。

▲ 图2-50　"保存"对话框

（3）成功保存数据，如图2-51所示。

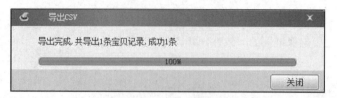

▲ 图2-51　成功保存数据

案例2——支付宝账户提现

卖家发货后，若买家收到了商品，则会在淘宝网上确认货已收到。这时支付宝管理员会把货款打入卖家的支付宝账户。卖家从支付宝账户中提取现金的具体操作步骤如下。

（1）登录支付宝，执行"我的支付宝"—"提现"命令，如图2-52所示。

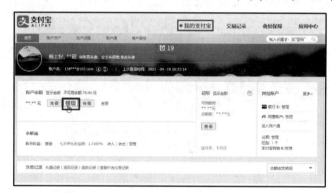

▲ 图2-52　执行命令

（2）选择银行卡，输入提现金额，单击"下一步"按钮，如图2-53所示。

（3）确认提现信息，输入支付密码，单击"确认提现"按钮，如图2-54所示。

▲ 图2-53　申请提现　　　　　　　　　▲ 图2-54　确认提现信息

（4）打开图2-55所示的页面，提示"提现申请已提交，等待银行处理"。

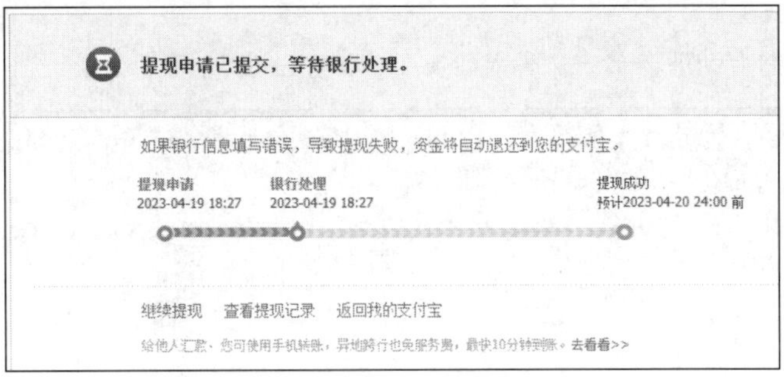

▲ 图2-55 提交提现申请

思考与练习

一、名词解释

1. 支付宝认证
2. 商品主图
3. 淘宝助理
4. 信用评价

二、选择题

1. 合理的（　　　）可以使店铺的商品更清晰，方便买家快速浏览与查找自己想要的商品。

    A. 商品分类　　　　　　　　B. 店铺设置　　　　　　　　C. 店铺装修

2. 在（　　　）信息中一定要把商品的优势和特色详细地描述出来。

    A. 商品主图　　　　　　　　B. 商品描述　　　　　　　　C. 商品店标

3. 当买家付款后，商品的交易状态变成"买家已付款"，此时卖家就应提供（　　　）。

    A. 修改价格　　　　　　　　B. 评价买家　　　　　　　　C. 发货服务

4. （　　　）不是应对买家投诉的策略。

    A. 重视买家投诉　　　　　　B. 及时道歉　　　　　　　　C. 跟买家争辩

三、思考题

1. 如何开通淘宝网店？
2. 在淘宝网后台发布商品的具体操作步骤是怎样的？
3. 应对买家投诉的策略主要有哪几个方面？
4. 卖家应该如何预防退货，使得退货损失最小化？
5. 卖家应怎样预防恶意差评？

任务实训

淘宝助理是淘宝开店的实用工具，可以导出数据，也可以导入数据。导入数据的具体操作步骤如下。

（1）打开淘宝助理，单击"导入CSV"，如图2-56所示。

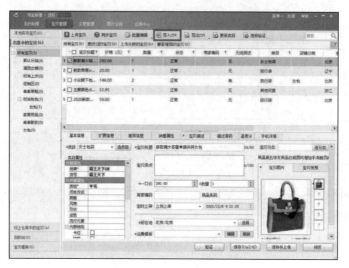

▲ 图2-56 单击"导入CSV"

（2）打开"打开文件"对话框，如图2-57所示。选择相应的文件，单击"打开"按钮，即可成功导入数据。

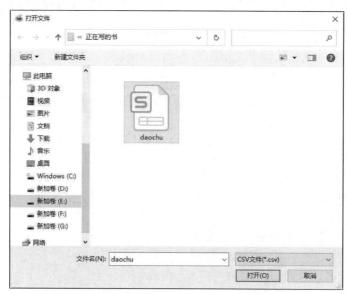

▲ 图2-57 "打开文件"对话框

第3章 商品图片与视频处理

本章引入

　　网上购物的特殊之处在于买家只能通过图片、文字、视频来了解商品，图片和视频是影响买家购买决策的重要因素，所以商品图片、视频的拍摄与处理非常重要。通过对本章的学习，读者可以掌握商品图片与视频处理等知识。

学习目标

知识目标	☑ 熟悉商品拍摄环境的搭建 ☑ 熟悉商品拍摄器材及设施的选择 ☑ 熟悉商品摆放方法
技能目标	☑ 掌握商品拍摄角度 ☑ 掌握商品拍摄构图方式 ☑ 掌握商品图片处理 ☑ 掌握商品视频处理
素养目标	☑ 培养诚实守信的品质 ☑ 培养具有制图、修图能力的技能型人才

知识框架

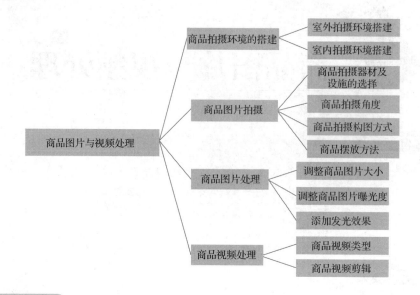

导引案例

网上开店商品图片也很重要

在网上开店与开实体店不同，在网上购物时，买家看得到商品却摸不到商品，会对实物产生疑虑，因而商品图片的真实性很重要。现在不少淘宝小店使用的都是厂家统一提供的图片，可能图中商品的款式一样，但质地却有着天壤之别。王晨宇有个朋友就吃过商品图片与实物不符方面的亏：网上的图片很精美，但拿到实物之后，质地很差。这件事让王晨宇印象深刻，于是她的淘宝店遵循有货方有图的原则，即所有图片都是实物拍摄而成的。

对于每件衣服，不仅要进行搭配拍摄出整体效果，还要拍摄出正面、侧面、反面以及扣子、内衬等细节图。王晨宇说，她刚拿到20多个新款，光拍照就要5个小时，后期处理图片也要5个小时，还要花2个小时上传图片到网店中。开网店很辛苦，有时还会受许多委屈。寄出每一件衣服前，都有专人检查质量，但有买家在拆包裹时不小心剪坏了衣服，却说衣服质量有问题。即使衣服有很明显的被剪过的痕迹，但为了维护声誉，王晨宇只能无条件退换货。

思考与讨论

（1）网上开店商品图片为什么非常重要？

（2）服装类商品图片应怎样拍摄？

3.1 商品拍摄环境的搭建

扫一扫

在商品拍摄中，拍摄环境非常重要，将商品置入拍摄环境，能够给买家展示商品的使用场景，起到引导买家购买的作用，从而提升商品的成交量。商品拍摄环境分为室外与室内两种，下面分别进行介绍。

课堂讨论

假如你是网店店长，在拍摄商品时，对拍摄环境有哪些需要注意的事项？

3.1.1 室外拍摄环境搭建

室外拍摄需要选择适合商品特点的环境，布光方式主要采用自然光加反光板补光，这样拍摄的商品图片会更加自然。在室外拍摄商品时，常见的拍摄环境有以下几种。

1. 在公园长凳上拍摄

当利用公园长凳拍摄商品时，可以先试拍几张，确定曝光组合和拍摄角度。根据自己的判断调整相机参数至满意效果后，就可以进入正式的拍摄环节了。在公园长凳上拍摄的玩具照片如图3-1所示。

2. 在草丛或花丛中拍摄

公园里的草丛或花丛也可以作为拍摄环境。需要注意的是，商品的颜色和花草背景应该匹配。另外，拍摄者要让商品与背景之间保持一定的距离，将背景虚化。在花丛中拍摄的帽子照片如图3-2所示。

▲ 图3-1　在公园长凳上拍摄的玩具照片

▲ 图3-2　在花丛中拍摄的帽子照片

3. 在树荫下拍摄

树荫下也可以作为拍摄地点，利用明暗对比明显的环境，可以将商品细节完美地表现出来。图3-3所示为在树荫下拍摄的童装照片。

4. 在咖啡街拍摄

拍摄者还可以在咖啡街拍摄，一般咖啡街装修都比较有格调，但要注意背景不要过于杂乱，尽量选择比较单一的背景，或者将背景虚化。在咖啡街拍摄的女装照片如图3-4所示。

▲图3-3　在树荫

下拍摄的童装照片

▲图3-4　在咖啡街拍摄的女装照片

5. 在大学里拍摄

在大学里拍摄，拍摄者可以尝试以一些学生的活动场面作为背景，这样能很容易地体现出一些具备校园风的服装鞋帽的特色。大学里的一些大型建筑（如图书馆、主教学楼）也是不错的场景，拍摄者将大型建筑和模特儿一并清楚地拍摄下来，也十分具有视觉冲击力。图3-5所示为在大学操场拍摄的运动女装照片。

3.1.2　室内拍摄环境搭建

下面介绍室内拍摄环境搭建，包括布置场景的原因、使用反光板布置场景、使用墙纸或背景布、使用摄影棚等内容。

1. 布置场景的原因

▲图3-5　在大学操场拍摄
的运动女装照片

在室内拍摄商品需要布置场景的原因如下：第一，有的室内背景杂乱，若不布置，后期需要花费不少力气处理照片；第二，没有专用的工作台，不便于开展拍摄工作。没有布置场景时拍摄的照片如图3-6所示，布置好场景后拍的照片如图3-7所示。

▲图3-6　没有布置场景时拍摄的照片

▲图3-7　布置好场景后拍摄的照片

2. 使用反光板布置场景

反光板是拍摄商品时常用的补光设备，将反光板直接放置在关键光源的对面，可以将大部分反射光照射到拍摄对象上。反光板的价格较低，一般为几十元，如图3-8所示。

3. 使用墙纸或背景布

布置场景既可以使用墙纸，也可以使用背景布，如图3-9、图3-10所示。电商平台有许多出售背景布和墙纸的商家，网店店主可以购买后将背景布或墙纸固定在墙上。

4. 使用摄影棚

▲ 图3-8　反光板价格

摄影棚一般用于拍摄一些小商品，如小型数码产品、护肤品、珠宝首饰等，可以在摄影棚的左侧、右侧、上方和后方对商品进行打光。光线透过摄影棚后会变得很柔和，有助于拍摄出精美的照片。某网店出售的简易摄影棚如图3-11所示。

▲ 图3-9　使用墙纸布置场景

▲ 图3-10　使用背景布布置场景

▲ 图3-11　某网店出售的
简易摄影棚

3.2　商品图片拍摄

在网上开店，商品图片的拍摄非常关键，因为商品图片的效果直接影响买家的购买欲望。在拍摄之前，拍摄者需要掌握商品拍摄基础知识，如商品拍摄器材及设施的选择、商品拍摄角度、商品拍摄构图方式、商品摆放方法等。

扫一扫

课堂讨论

（1）商品拍摄时的常见拍摄角度有哪些？

（2）商品图片常见的构图方式有哪些？

3.2.1　商品拍摄器材及设施的选择

网店商品拍摄是商业摄影的一种，属于光影技术的应用。常用的拍摄器材及设施包括相机、摄影灯、三脚架及摄影棚等。

1. 相机

相机是常用的拍摄工具。由于单反数码相机在图像传感器、响应速度、手控功能、携带便利性、拍摄画质、镜头可更换等方面具有很大的优势，因此成为网店商品拍摄的常用工具。

2. 摄影灯

为了调节室内拍摄环境中的光线效果，在室内拍摄时需要配置摄影灯。摄影灯是商品室内拍摄的常用辅助器材，按功能可分为主灯、辅助灯，按位置可分为前照灯、顶灯、侧照灯、背景灯。

3. 三脚架

三脚架的主要作用是稳定相机。拍摄网店商品时，一般一次要拍摄多件商品，需要经常调整相机参数和拍摄角度，通过三脚架可以提高拍摄的稳定性和效率。

4. 摄影棚

摄影棚是用于拍摄的特殊构筑物。网店商品拍摄使用的摄影棚一般包括电动卷轴、背景布或背景墙、摄影台、摄影灯、柔光箱、遮光板、反光伞、柔光伞、反光板等辅助器材。

3.2.2 商品拍摄角度

采用不同的拍摄角度会得到不同的拍摄效果。常见的拍摄角度有3种：平拍、仰拍和俯拍。

1. 平拍

平拍即镜头与被摄对象位于同一水平线上，这一拍摄角度符合人们正常的视觉习惯，应用广泛。平拍的画面具有正常的透视关系和结构形式，给人以身临其境的感觉。图3-12所示为平拍。

2. 仰拍

仰拍指镜头低于被摄对象，由下向上拍摄被摄对象。仰拍形成的画面有一种独特的仰视效果，主体突出，显得巍峨、庄严、宏大、有力。仰拍会使拍摄的商品底部显大，顶部显小，使商品更加立体、美观。图3-13所示为仰拍。

▲ 图3-12 平拍

▲ 图3-13 仰拍

3. 俯拍

俯拍指镜头高于被摄对象，从高处向低处拍摄被摄对象，图3-14所示为俯拍。俯拍能使主题更加鲜明。俯拍适合体积比较小的商品。需要注意的是，俯拍具有立体效果的商品时，商品会显得上端大、下端小，整体短小。

3.2.3 商品拍摄构图方式

构图是商品拍摄前期最重要的事情之一，构图应突出主体、吸引视线、简化杂乱的背景、使画面均衡。对于商品拍摄者来说，掌握构图的基本规律，并在拍摄时合理运用是非常必要的。下面介绍商品拍摄构图方式。

▲ 图3-14　俯拍

1. 横式构图

横式构图是将被拍摄商品横向排列的构图方式。横式构图（画面底边较长）强调的是水平面，展示的是画面横向的宽广。

这种构图方式给人一种稳定、可靠的感觉。在横式构图中经常出现横线，但是单一的横线容易割裂画面，在实际的商品拍摄过程中，切忌横线处于中间位置。在横式构图中除了运用单一的横线，还可组合使用多条横线。图3-15所示为横式构图。

2. 竖式构图

竖式构图是将被拍摄商品纵向放置的构图方式，纵向放置的商品往往显得高大、有线条感、立体、挺拔，如图3-16所示。在采用竖式构图的画面中，观者的视线可以上下移动，把画面上、中、下各部分的内容联系起来。在竖式构图中经常出现竖线，将多条竖线组合排列得当时，变化相对横线要多一些，排列好能产生意想不到的效果。当前景略显单调，如前景中只有一簇花的时候，就可以用竖式构图来集中表现被摄商品。采用竖式构图时，拍摄者可以用长焦镜头压缩画面，营造层次感。

▲ 图3-15　横式构图

▲ 图3-16　竖式构图

3. 斜线构图

斜线构图是商品斜向摆放的构图方式。它的特点是富有动感、个性突出，对表现造型、色彩或理念等较为突出的商品，斜线构图较为实用，使用得当可以产生不错的画面效果。拍摄者把主体安排在画面对角线上，能有效利用对角线的长度，同时也能使陪体与主

体产生直接联系。斜线构图富有动感，显得活泼，容易产生线条汇聚的趋势，吸引人的视线，达到突出主体的效果。图3-17所示为斜线构图。

4. 黄金分割法构图

黄金分割又称黄金律，是一种数学比例关系，即将整体一分为二，较大部分与较小部分之比等于整体与较大部分之比（1∶0.618）。0.618被公认为最具审美意义的数字，是黄金分割数的近似值。黄金分割主要体现在对画面结构的处理上，如画面的分割、主体所处的位置，以及地平线、水平线、天际线等所处的位置。在图3-18中，A、B、C、D4条线相交的区域就是黄金分割区域，画面的主体或分割线可以被安排在4个交点上或4条线的附近。

▲ 图3-17 斜线构图

提示与技巧

与传统的横式构图和竖式构图相比，斜线构图可以给人一种更活泼的感觉，斜向摆放商品可以更好地展现其形态。

在黄金分割法构图中，拍摄者还应该考虑主体与陪体之间的呼应，同时还要考虑影调、光线、色彩的表现等。黄金分割法构图如图3-19所示。

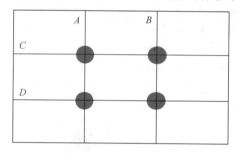

▲ 图3-18 黄金分割区域

▲ 图3-19 黄金分割法构图

5. 对称式构图

对称式构图是指画面中的景物相对于某个点、某条直线或某个平面而言，在大小、形状和排序上具有对应关系。对称式构图在视觉上具有一种平衡效果。对称式构图具有均匀、整齐、稳定的特点，但表现呆板、缺少变化。为了防止其表现呆板，拍摄者可以在对称中增添一些不对称元素。对称式构图如图3-20所示。对称式构图主要有中心对称、上下对称、左右对称、对角对称、混合对称等类型，它们都具有平衡、稳定的特点，常用于表现具有对称性的建筑及具有特殊风格的商品。

▲ 图3-20 对称式构图

6. 曲线构图

曲线构图是将被拍摄商品沿曲线排列的构图方式。曲线既可以是规则的，也可以是不规则的，如对角式曲线、S式曲线、横式曲线和竖式曲线等。

S式曲线构图是使用较多的一种构图方式，它具有较强的视觉引导作用。S式曲线优美而富有活力和韵味，所以S式曲线构图也具有活力，给人一种美的享受，而且可使画面显得生动、活泼。图3-21所示为S式曲线构图。

▲ 图3-21 S式曲线构图

3.2.4 商品摆放方法

变更角度让商品图片变得美观，拍摄者除了需要具备一定的审美能力，还可以通过对基本摆放方法的学习来实现。关于商品摆放的方法如下。

1. 不同角度体现不同质感

同样一款商品，在不同角度下可以呈现不同的视觉效果，可以将买家的视线引导到不同的侧重点上。比如平铺摆放时，买家最先看到的是商品的整体效果，如图3-22所示。而将商品的侧面作为拍摄的重点时，买家最先看到的就是商品的细节，如图3-23所示。商品如何摆放，取决于卖家想突出商品的哪部分特色，但一切应以美观为前提，否则可能会让买家产生排斥心理。

▲ 图3-22 平铺摆放　　▲ 图3-23 侧面拍摄

2. 重新为商品造型

对于一些体积较小、外形比较单一的商品来说，也许对单个商品进行拍摄，很难让画面产生亮点。这时就需要对商品的摆放进行二次设计。这里所说的二次设计，并不是指改变商品的原有外观，而是对多个相同商品进行叠加摆放，以实现吸引人眼球的效果。比如，大多数笔芯的造型比较单一，可是，如果将几根相同的笔芯进行叠放，塑造出全新的造型，马上就会将原有的画面效果改变，让买家觉得更美观，如图3-24所示。

▲ 图3-24 重新为商品造型

3. 小配饰增加画面情调

添加小配饰，融入对商品的情感，也能让买家产生购物欲望，如图3-25所示。这样的小配饰不用过多，简单的一两个小配饰即可起到画龙点睛的作用。比如，在拍摄一款食品时，拍摄者可以挑选一个美观的盘子用来盛放食品，旁边摆放一杯咖啡或者茶。

4. 色彩与造型的搭配尤其重要

外观相同的几个商品，除了要排列出一定的序列感，还应该保持一定的疏密度，如

图3-26所示。色彩与造型的搭配尤其重要，商品之间要做到相互映衬。

5. 展示商品内部以打消顾虑

如果只展示商品的外观，很有可能使买家对商品的内部构造产生顾虑，这也会影响买家对该商品的判断。网上购物本身就存在一定的风险，买家大都会担心商品质量不好。因此，拍摄者通过图片呈现商品内部，是打消买家顾虑的最佳方式。比如看到一款钱包的外观图片，买家也许会被钱包美丽的颜色和外形打动，但同时也会产生顾虑：钱包是否实用？是否有足够的卡槽来放置各种卡？这时，一张展示钱包内部构造的图片就显得必不可少了，如图3-27所示。

▲ 图3-25　小配饰增加画面情调

▲ 图3-26　色彩与造型的搭配尤其重要

▲ 图3-27　展示商品内部

素养课堂：商品拍摄应该真实美观

商品拍摄有两个基本要求：真实、美观，且美观是建立在真实基础之上的。

1. 商品拍摄要真实、客观

网店商品摄影师应该带着真实、客观的态度去拍摄商品。

第一，网店商品摄影师应该尽量全面地展示商品本身的特征。网店商品摄影师不仅要针对商品的整体进行拍摄，而且要拍摄局部细节；网店商品摄影师在进行商品摄影时，应该从多个角度展现商品，主观上不刻意回避商品存在的一些瑕疵。

第二，通常情况下，网店商品摄影师最好不要使用图片处理软件对图片中商品的瑕疵进行过度精修，否则会让买家怀疑商品的真实性。

2. 商品图片要美观

商品图片要美观，至少不要显得杂乱无章，这是因为买家主要依靠商品图片增进对商品的了解，除了功能和价格，商品还要有足够的美感才能够打动买家。

3.3　商品图片处理

网店商品图片处理常用的软件是Photoshop，下面介绍使用Photoshop调整商品图片大小、调整商品图片曝光度、添加发光效果。

3.3.1　调整商品图片大小

在处理网店商品图片的过程中，会遇到各种不同的图片尺寸要求。在Photoshop中执行"图像大小"命令可以实现图片大小的调整。本小节将讲述如何利用Photoshop调整图片大小，具体操作步骤如下。

（1）启动Photoshop，打开需要修改的图片，如图3-28所示。

（2）执行"图像"—"图像大小"命令，打开"图像大小"对话框，在对话框中调整图像宽度和高度，单击"确定"按钮，即可调整图片大小，如图3-29所示。

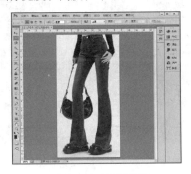

▲ 图3-28　打开图片

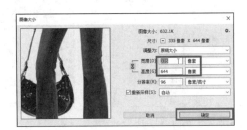

▲ 图3-29　"图像大小"对话框

3.3.2　调整商品图片曝光度

由于技术、天气、时间等方面的条件限制，有时拍摄出来的图片会不尽如人意。常见的图片问题就是曝光过度或者曝光不足。下面介绍如何利用Photoshop简单而有效地解决这些问题，具体操作步骤如下。

（1）启动Photoshop，打开一张曝光不足的图片，如图3-30所示。

（2）执行"图像"—"调整"—"曝光度"命令，打开"曝光度"对话框，由于这张图片比较暗，如果想让图片变亮，就应该将图片的曝光度提高，再利用"灰度系数校正"调节画面整体的平衡。这里设置"曝光度"为"+0.69"，"位移"为"0.0000"，"灰度系数校正"为"1.00"，单击"确定"按钮，即可调整图片的曝光度，如图3-31所示。

▲ 图3-30　打开图片

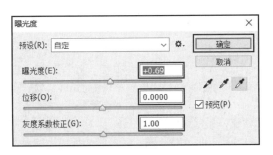

▲ 图3-31　调整曝光度

（3）可以看到图片变亮的效果还是非常明显的，如图3-32所示。

3.3.3　添加发光效果

不同的商品有不同的特性，网店设计人员需要根据商品特性来修饰商品图片。如在修饰汽车、计算机、手机等商品的图片时，网店设计人员就需要添加发光效果来突出商品主体。利用Photoshop为商品图片添加发光效果的具体操作步骤如下。

（1）启动Photoshop，打开原始图片，如图3-33所示。

（2）执行"文件"—"置入嵌入对象"命令，置入卡通汽车图片，如图3-34所示。

▲ 图3-32　调整曝光度后的效果

▲ 图3-33　打开原始图片

▲ 图3-34　置入卡通汽车图片

（3）执行"编辑"—"自由变换"命令，调整卡通汽车图片的大小与位置，如图3-35所示。

（4）在"图层"选项卡中，双击"卡通汽车"图层，如图3-36所示。

▲ 图3-35　调整卡通汽车图片的

大小与位置

▲ 图3-36　双击"卡通汽车"图层

（5）在打开的"图层样式"对话框中勾选"内发光"，设置"发光颜色"为"黄色"，将"混合模式"设置为"滤色"，将"不透明度""阻塞""大小""范围"分别设置为"41%""38%""18像素""50%"，"方法"设置为"柔和"，然后单击"确定"按钮，如图3-37所示。

（6）添加"内发光"样式后的效果如图3-38所示。

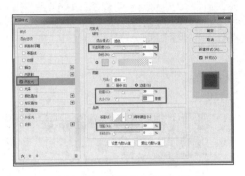

▲ 图3-37 设置"内发光"样式

▲ 图3-38 添加"内发光"
样式后的效果

（7）在"图层样式"对话框中勾选"外发光"，选择"渐变色"选项，设置"渐变色"为"橙色"，将"混合模式"设置为"滤色"，将"不透明度"设置为"42%"，"方法"设置为"柔和"，"扩展"设置为"10%"，"大小"设置为"24像素"，"范围"设置为"50%"，如图3-39所示。

（8）设置完成后单击"确定"按钮，添加"外发光"样式后的效果如图3-40所示。

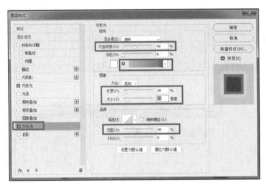

▲ 图3-39 设置"外发光"样式

▲ 图3-40 添加"外发光"样式后的效果

3.4 商品视频处理

商品视频可以帮助卖家全方位地宣传商品，它在一定程度上替代了传统的图文表达形式，虽然只有短短的几十秒时间，却能让买家非常直观地了解商品的基本信息和卖点，多感官体验商品，从而节约买家咨询的时间，有助于买家快速下单。

3.4.1 商品视频类型

网店中的常用视频主要有主图视频和详情页视频两种类型，下面分别进行介绍。

（1）主图视频。主图视频主要应用在商品主图位置，用于展示商品的特点和卖点。

在制作该视频时，建议时长为5~57秒，建议宽高比为16:9、1:1、3:4，建议尺寸为750像素×1000像素及以上。主图视频截图如图3-41所示。

（2）详情页视频。详情页视频主要应用在商品详情页中，常用于对商品的使用方法或商品的使用效果进行展示。在制作该视频时，视频时长不宜超过10分钟，且视频分辨率尽量为1920像素×720像素。详情页视频截图如图3-42所示。

▲ 图3-41 主图视频截图

▲ 图3-42 详情页视频截图

3.4.2 商品视频剪辑

卖家在主图视频中添加字幕能提升网店的专业度并增加流量，具体操作步骤如下。

（1）打开爱剪辑App，选择并导入要添加字幕的视频，如图3-43所示。

（2）单击"字幕"，双击视频区域，打开"编辑文本"对话框，输入文本，单击"确定"按钮，如图3-44所示。

▲ 图3-43 选择并导入要添加
字幕的视频

▲ 图3-44 "编辑文本"对话框

（3）返回软件页面，保持文本的选中状态，在左侧列表框中的"常用滚动类"栏中勾选"向左移入（淡入淡出）"，在右侧的"字体设置"选项卡中设置字体为"方正清刻本悦宋简体"，大小为"20"，如图3-45所示。

▲ 图3-45 设置文本及设置后的效果

（4）复制字幕，在后面的视频中粘贴，修改文本，并修改字幕特效为"向右移入（淡入淡出）"，修改后的效果如图3-46所示。

（5）在预览页面下方单击"导出视频"按钮，打开"导出设置"对话框（见图3-47），设置相应参数后即可导出视频。

▲ 图3-46 修改后的效果

▲ 图3-47 导出设置

案例分析

案例1——服装商品拍摄

服装商品可以借用模特儿拍摄，拍摄者可以先拍摄商品整体图，然后再拍摄其他造型图和细节图，具体操作步骤如下。

（1）这款羽绒服简约时髦，可以以街头作为拍摄背景。户外拍摄时一般采用顺光，如果光线不足，拍摄者可以在背光处使用反光板进行补光。拍摄服装整体图，让买家一眼就能看到服装的整体效果，如图3-48所示。

（2）拍摄服装的侧面，展示服装的侧面效果，如图3-49所示。

（3）拍摄服装的背面，展现服装的背面效果，如图3-50所示。

▲ 图3-48 服装的整体效果

（4）展示同一款式不同颜色服装的穿着效果，图3-51所示为粉色服装的穿着效果。

（5）拍摄服装的超大毛领、袖口、衣兜等细节，展示面料和设计上的亮点。图3-52所示为部分细节图。

▲ 图3-49　服装的侧面效果

▲ 图3-50　服装的背面效果

▲ 图3-51　粉色服装的穿着效果

▲ 图3-52　部分细节图

案例 2——商品促销海报设计

下面使用Photoshop制作美食商品海报，具体操作步骤如下。

（1）启动Photoshop，打开"美食类商品海报背景"图片，如图3-53所示。

（2）执行"文件"—"置入嵌入对象"命令，打开"置入嵌入的对象"对话框，在对话框中选择要置入的图片"美食"，单击"置入"按钮，如图3-54所示。

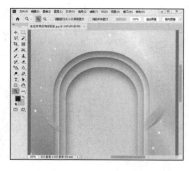

▲ 图3-53　打开图片

▲ 图3-54　置入图片

（3）置入图片后，单击图片对角线处的小方块，按比例调整图片的大小，调整图片大小后的效果如图3-55所示。

（4）选择"图层"—"图层样式"—"外发光"命令，打开"图层样式"对话框，在对话框中设置不透明度为"36%"，大小为"114像素"，如图3-56所示。

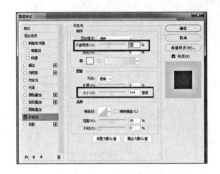

▲ 图3-55 调整图片大小后的效果　　▲ 图3-56 设置"外发光"样式

（5）设置"外发光"样式后的效果如图3-57所示。

（6）选择工具箱中的"圆角矩形工具"，在文档窗口中绘制圆角矩形，如图3-58所示。

▲ 图3-57 设置"外发光"
　　样式后的效果

▲ 图3-58 绘制圆角矩形

（7）选择"窗口"—"属性"命令，打开"属性"面板，在"属性"选项卡中设置圆角矩形的填充颜色为"黄色"，描边颜色为"红色"，描边宽度为"2像素"，半径为"68像素"，如图3-59所示。

（8）在圆角矩形内输入文字"美食新品上市大促销"，在"属性"选项卡中设置字体为"华文琥珀"，字号为"30点"，颜色为"红色"，如图3-60所示。

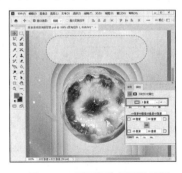

▲ 图3-59 设置圆角矩形的属性　　▲ 图3-60 输入文字并设置属性

（9）在圆角矩形内输入文字"活动时间：2023年1月1日—1月12日"，在"属性"选

项卡中设置字体为"黑体"，字号为"16点"，颜色为"红色"，如图3-61所示。

（10）选择工具箱中的"矩形工具"，在文档窗口中绘制矩形，在"属性"选项卡中设置矩形的填充颜色、描边颜色、描边宽度，如图3-62所示。

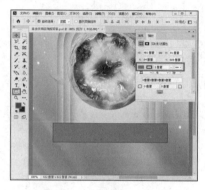

▲ 图3-61　输入活动时间文字并设置属性　　　▲ 图3-62　绘制矩形并设置属性

（11）在矩形内输入文字"全场满199元立减30元，点击领取大礼包"，在"属性"面板中设置字体为"黑体"，字号为"16点"，颜色为"黄色"，如图3-63所示。

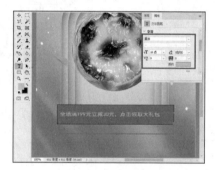

▲ 图3-63　在矩形内输入文字并设置属性

思考与练习

一、名词解释
1. 平拍
2. 仰拍
3. 横式构图
4. 主图视频

二、选择题
1. 关于布置室内场景的原因，不正确的选项是（　　　）。
　　A. 使用背景布　　　　　　B. 室内背景杂乱
　　C. 没有专用的工作台

2. （ ）指镜头高于被摄对象，从高处向低处拍摄被摄对象。

    A. 平拍   B. 俯拍   C. 仰拍

3. （ ）是指画面中的景物相对于某个点、某条直线或某个平面而言，在大小、形状和排序上具有对应关系。

    A. 曲线构图   B. 黄金分割法构图   C. 对称式构图

4. 关于商品摆放的方法，不正确的选项是（ ）。

    A. 色彩与造型不重要   B. 小配饰增加画面情调

    C. 不同角度体现不同质感

三、思考题

1. 在室外拍摄商品时，常见的拍摄环境有哪些？
2. 如何搭建室内拍摄环境？
3. 商品拍摄时常用的器材及设施有哪些？
4. 商品拍摄时常见的构图方式有哪些？
5. 商品视频的类型有哪些？

任务实训

对于一些主体和背景无法区分、层次不明的图片，拍摄者需要将图片的主体表现出来，虚化背景是网店商品图片处理中常用的修饰方法，这种方法可以使观者将视线聚集在主体上，营造主体实、背景虚的效果，以避免喧宾夺主，影响主体的表现。虚化背景的具体操作步骤如下。

（1）启动Photoshop，打开原始图片，选择工具箱中的"磁性套索工具"，沿着物品轮廓绘制选区，如图3-64所示。

（2）执行"选择"—"反选"命令，反选选区，如图3-65所示。

 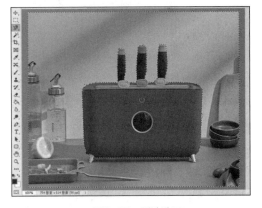

▲ 图3-64 绘制选区   ▲ 图3-65 反选选区

（3）执行"选择"—"修改"—"羽化"命令，打开"羽化选区"对话框，在"羽化半径"文本框中输入"8"，让选区的边缘变得更加柔和，如图3-66所示。

（4）执行"滤镜"—"模糊"—"高斯模糊"命令，打开"高斯模糊"对话框，将"半径"设置为"4.5像素"，如图3-67所示。

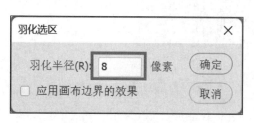

▲ 图3-66 "羽化选区"对话框　　　　▲ 图3-67 "高斯模糊"对话框

（5）单击"确定"按钮，返回文档窗口，取消选区，可以看到背景虚化后的效果，如图3-68所示。

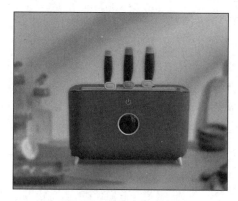

▲ 图3-68 背景虚化后的效果

第4章

网店装修

本章引入

　　经营网店，商品固然非常重要，但是网店装修也不能忽视。好的网店装修和实体店装修一样，都能让买家从视觉上和心理上感受到卖家的用心，并且能够最大限度地提升店铺的形象，提高浏览量，增加买家在网店的停留时间。本章主要讲述网店装修基础、店招设计、商品详情页设计、移动端网店首页装修。

学习目标

知识目标	☑ 熟悉网店装修基础 ☑ 熟悉商品详情页设计 ☑ 熟悉店招分类和店招设计规范
技能目标	☑ 掌握网店店招设计 ☑ 掌握移动端网店首页装修
素养目标	☑ 塑造网店装修中国风 ☑ 培养对中华优秀传统文化的情感，增强文化自信与自豪感

知识框架

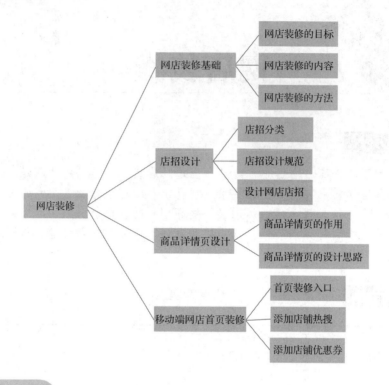

导引案例

开网店也需要装修

眼下，网购的飞速发展让买卖双方对购物环境的要求越来越高，网店也需要像实体店铺那样精心装修一番以吸引买家，网店装修师应运而生。

有视觉冲击力的店铺招牌、方便的商品筛选功能、醒目的促销活动入口，买家看到的这些细节是网店装修师的劳动成果。网店装修师卖的是创意模板，为网店卖家设计不一样的门店，彰显独特个性和风格，让网店脱颖而出。

现在的网店越来越多，竞争也十分激烈。如果店铺不能吸引买家的目光，那么进入店铺的人就很少，生意也就不好做。所以，网店经过装修才能吸引更多买家的目光。

李某某的工作室可以为各类网店提供装修设计。他经营的项目包括：页面商品描述模板、分类、公告、店铺介绍模板、店标、签名、旺铺装修、相册空间、计数器、淘宝盒子等。为客户设计店铺时，既要考虑商品的消费群体，抓住买家的眼球，又要符合网店卖家的要求。有的客户要求比较高，这就要根据商品量身定做，即结合商品对网店进行设计和布局等。

当然网店装修师也可以设计一些个性模板挂到网上，以供那些要求不太高的客户直接选购。这样一来，同一种设计就可以重复发售，网店装修师只需根据客户的要求把文字改一下。比起量身定做，生产成品模板会节省很多时间和精力，价格自然比较低。

思考与讨论
（1）为什么要做网店装修？
（2）网店装修需要掌握哪些知识？

4.1 网店装修基础

在网上开店的过程中，网店装修是非常重要的一个环节，它可以美化网店，吸引更多的买家，从而获得更多的销量。

扫一扫

课堂讨论

（1）为什么要做好网店装修？
（2）网店装修的方法有哪些？

4.1.1 网店装修的目标

为了给买家留下好的印象，网店的装修非常重要。毕竟拿到货之前买家无法看见真实的商品，只能通过网店中的文字描述和商品图片来了解网店与商品，所以装修好的网店能增加买家的信任感。

对于网店而言，装修的目标是能够体现本网店的风格，方便买家浏览与购买，为买家带来良好的购物体验，使买家对网店产生认同感和信任感。

首先，网店装修要风格统一、布局整齐。网店装修风格指的是网店中文字、图片及颜色的搭配，布局指的是各模块的位置安排。在风格上要注意颜色搭配协调，与网店标志的主体颜色一致，商品拍摄时模特儿要统一；布局安排要注意整齐大气。

其次，商品展示要明确。店内商品的分类要清晰，和实体店一样，要让买家可以快速、准确地找到需要的商品。网店装修要保证易于浏览与查找商品。导航模块要设置各个分类、主推商品、促销活动等栏目，要从商品的类别、价格、新旧款等多维度进行商品分类，要让买家能快速方便地找到需要的商品。合理的分类与导航设计不仅能够提高商品的浏览率，而且还可以给买家带来良好的浏览体验。

最后，增加买家在网店的停留时间。漂亮恰当的网店装修，可以给买家带来美感，买家浏览页面时不易疲劳，自然会细心观看。装修好的精品网店，传递的不仅是商品信息，还有网店的经营理念、文化等，这些都会给网店形象加分，同时也有利于网店品牌的形成。

4.1.2 网店装修的内容

网店页面装修设计的对象是首页及商品详情页。首页是网店的门面，可引导买家找到需要的商品，可以使买家对网店有直观的了解；首页的海报、店招能够让买家迅速获取店内的促销信息，并引导买家进入活动页面。商品详情页主要用来展示商品的具体信息，让买家对商品的基本属性、销售情况及评价信息有充分的了解。

在千牛工作台中执行"店铺"—"店铺装修"—"手机端店铺装修"命令，可以进入"手机端店铺装修管理"页面，如图4-1所示。

▲ 图4-1 "手机端店铺装修"管理页面

从图4-1中可以看出，"手机端店铺装修"管理页面主要包括"推荐（首页）""全部宝贝""基础设置""宝贝分类""自定义页""大促承接页"（大促即大型促销活动）等功能。由于目前移动端流量已经远远超过PC端流量，所以网店平台的装修也逐渐转为以移动端为重点。

4.1.3 网店装修的方法

网店装修可以通过三种方法实现，一是购买服务市场的装修模板，二是利用系统提供的模块进行自主装修，三是通过专业网店装修公司装修。

这几种方法相比，使用模板进行装修比较简单，卖家可以应用一些特定的样式和效果，但是需要付费，价格从几十元到几百元不等，页面风格也相对固定，缺乏个性。

自主装修自由灵活，可以设计个性化的页面风格，但对装修人员的要求较高，即需装修人员熟练掌握HTML语言和图片处理技术。

专业网店装修公司会承接淘宝店铺的设计，它们会让专业的网店装修人员来帮忙建立网店页面，卖家只需要将自己的需求与构想告诉他们即可。当然这种装修方法的价格也很高，一般从几百元到几千元不等。

4.2 店招设计

店招的整体视觉设计风格极其重要，为了将店招打造得更好，需要通过视觉设计将网店的信息表达出来，这样才能体现出网店的文化。

4.2.1 店招分类

店招是网店的标志，大部分店招都由店标、商品图片、宣传语及网店名称等组成。店招通常位于网店首页的顶端，它的作用与实体店铺的店招相同。店招通常是买家进店以后最先看到的部分。图4-2所示为海尔专卖店的店招。

▲ 图4-2 海尔专卖店的店招

店招的设计各式各样，展示的内容也会随着时间的推移而改变。不管如何设计，店招中有些信息是必不可少的，如网店名称、宣传语等。从功能上来讲，店招可以分为以下几类。

1. 品牌宣传类

这类店招通常会将网店名称、店标、宣传语放在醒目的地方，以便进行品牌形象塑造，并达到宣传引流的效果，如图4-3所示。有的店招会添加搜索框和导航条，以方便买家检索。设计美观、品质感强的店招可以提升网店的形象和档次，从而提高网店的知名度。

▲ 图4-3 品牌宣传类店招

2. 活动促销类

这类店招是为了实现活动推广效果而设计的，通常会将促销活动信息、优惠券、打折促销等元素直接放在上面，或者将网店想要打造的活动商品图片经过优化加工放在上面，如图4-4所示。在设计这类店招时会让网店活动占据更大的篇幅，以提升买家对网店的关注度。

▲ 图4-4 活动促销类店招

3. 商品推广类

商品推广类店招的主要特点就是有明显的主推商品。在店招上除了有简单的网店名称和标志，通常还会直接添加商品图片。这类店招主推促销的商品，通过制造热销商品给其他商品带来流量，以达到推广的效果。图4-5所示为商品推广类店招。

▲ 图4-5　商品推广类店招

4.2.2　店招设计规范

在设计店招时需要遵循一定的规范和要求，清晰地告诉买家网店在卖什么。店招也可以用于对网店的装修风格进行定位。店招设计规范有以下几点。

（1）视觉重点不宜过多。视觉重点有1~2个就够了，否则会让人目不暇接，不知道哪些信息有用。

（2）目前，淘宝支持GIF、JPG和PNG格式的店招图片。PC端淘宝店招默认950像素×120像素，全屏1920像素×150像素。移动端淘宝店招默认750像素×750像素。

（3）店招应清晰地显示网店的名称，以加深买家对网店的印象，提高品牌的知名度。

（4）上传店招图片，可以选择将此图片只应用到当前页面，或应用到整个网店的页面中。

（5）根据网店现阶段的情况进行分析，如果现阶段在做大型促销活动，可以着重突出促销信息。

（6）店招一定要突显品牌的特性，让买家清楚地知道网店是卖什么的，以及网店的风格、品牌、文化等。

4.2.3　设计网店店招

下面使用Photoshop制作店招，具体操作步骤如下。

（1）启动Photoshop，执行"文件"—"新建"命令，打开"新建"对话框，在该对话框中将"宽度"设置为"950像素"，"高度"设置为"150像素"，如图4-6所示。

（2）单击"确定"按钮，新建一个空白文档，如图4-7所示。

▲ 图4-6　设置宽度和高度

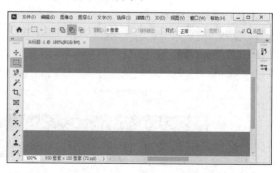

▲ 图4-7　新建空白文档

（3）选择工具箱中的"渐变工具"，在工具选项栏中单击"点按可编辑渐变"下拉
按钮，如图4-8所示。在打开的"渐变编辑器"窗口中设置渐变颜色，如图4-9所示。

▲ 图4-8　选择"渐变工具"并单击
　　　　　下拉按钮

▲ 图4-9　设置渐变颜色

（4）单击"确定"按钮，在工作区中填充渐变颜色，如图4-10所示。

▲ 图4-10　填充渐变颜色

（5）选择工具箱中的"自定形状工具"，在
工具选项栏中单击"形状"下拉按钮，在打开的下
拉列表中选择相应的形状，如图4-11所示。

（6）在工作区中绘制形状，如图4-12所示。

（7）打开"图层"选项卡，将"不透明度"
设置为"10%"，如图4-13所示。

（8）选择工具箱中的"横排文字工具"，在
工作区中输入文字"春夏新品全面上架!"，如
图4-14所示。

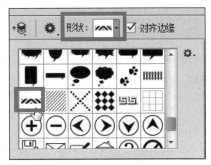

▲ 图4-11　选择形状

▲ 图4-12　绘制形状

（9）执行"图层"—"图层样式"—"描边"命令，打开"图层样式"对话框，将
"颜色"设置为"深绿色"，如图4-15所示。

（10）单击"确定"按钮，图层样式的效果如图4-16所示。

▲ 图4-13 设置不透明度

▲ 图4-14 输入文字

▲ 图4-15 设置描边颜色

▲ 图4-16 图层样式的效果

（11）执行"文件"—"打开"命令，打开图片，按"Ctrl+A"组合键全选图像，再按"Ctrl+C"组合键复制图像，如图4-17所示。

（12）返回原始文档，按"Ctrl+V"组合键粘贴图像，然后按"Ctrl+T"组合键，调整图像的大小，如图4-18所示。

（13）用同样的方法置入另外3张图片，如图4-19所示。

（14）选择工具箱中的"椭圆工具"，在工具选项栏中将"填充"设置为"棕色"，在工作区中绘制一个椭圆，如图4-20所示。

▲ 图4-17 复制图像

▲ 图4-18 粘贴图像并调整其大小

▲ 图4-19 置入图片

▲ 图4-20　绘制椭圆

（15）选择工具箱中的"横排文字工具"，在工作区中输入相应的文字，如图4-21所示。

▲ 图4-21　输入文字

（16）选择工具箱中的"横排文字工具"，将"字号"设置为"48点"，"字体颜色"设置为"黄色"，在工作区中输入文字"5折封顶"，如图4-22所示。

▲ 图4-22　设置并输入文字

（17）执行"图层"—"图层样式"—"描边"命令，将"颜色"设置为"红色"，"大小"设置为"3像素"，如图4-23所示。

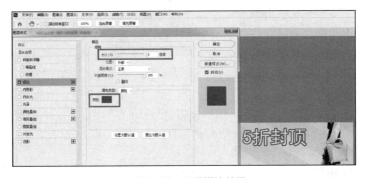

▲ 图4-23　设置描边效果

（18）选择工具箱中的"矩形工具"，在工作区中绘制矩形，选择"横排文字工具"，并在矩形中输入文字"数量有限下手要快哦！"，将"字体"设置为"黑体"，将"字号"设置为"18点"，将"字体颜色"设置为"黑色"，如图4-24所示。

▲ 图4-24　绘制矩形并输入文字

4.3　商品详情页设计

扫一扫

商品详情页作为网店的一部分，越来越受到卖家的重视。一个设计精美的商品详情页能激起买家的消费欲望，促使其下单购买。

4.3.1　商品详情页的作用

商品详情页不仅是介绍商品的页面，而且还是网店重要的流量入口。无论是对提高商品转化率来说，还是对提高整个网店的浏览量来说，商品详情页都能起到很大的推动作用。图4-25所示是设计美观的商品详情页。

商品详情页主要有以下作用。

1．介绍商品信息

商品详情页不仅要清晰地介绍商品信息，还要介绍商品的卖点，通过对商品进行包装，达到提升买家的购物欲望的目的。

2．提高转化率

影响网店转化率的因素非常多，商品详情页是其中非常重要的一个因素，商品详情页中呈现的内容是否能打动买家、是否能满足买家的需求，这些都会影响网店的转化率，而转化率也是考核商品详情页的重要依据。

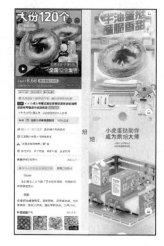

▲ 图4-25　设计美观的商品详情页

3．延长停留时间

商品详情页是商品的说明书，卖家应在其上罗列足够吸引人的内容、符合买家心理期望的信息来描述商品。丰富的内容、详细的信息、生动的呈现方式等可以让买家享受阅读和购物的乐趣，从而延长其停留时间。

4．提高客单价

商品详情页的内容呈现和关联销售可以挖掘买家的潜在需求，一旦买家的潜在需求被挖掘出来，再通过文案的营销，就很容易让买家产生关联购买行为，从而提高客单价。

5．降低跳失率

卖家可以通过商品详情页的特价活动、抽奖活动吸引买家参加，从而降低页面的跳失率。

4.3.2　商品详情页的设计思路

根据运营情况，网店商品可以分为新品、促销商品、热卖单品等，下面介绍这3种商品详情页的设计思路。

课堂讨论

商品详情页的设计思路是怎样的？

1. 新品详情页的设计思路

新品详情页的设计思路有以下几点。

（1）突出差异化卖点。在激烈的竞争环境中，卖家想要让商品脱颖而出，就必须突出商品的差异化卖点。所谓差异化卖点，指的是商品的某一方面做到了极致，是竞争对手无法比拟的。图4-26所示的新品详情页就突出了"增压大蒸汽 新旧衣服一熨即平"这一差异化卖点。

（2）强调品牌、品质。由于对新品不了解，买家可能会对详情页里的内容有所怀疑。卖家此时就需要强调商品的品质，通过品牌来加强买家对商品的信任感，如图4-27所示。

（3）运用各类营销方式。新发布的商品前期销量低，需要通过各种各样的营销方式为商品积累一定的基础销量，这也是设计新品详情页时需要优先思考的内容。图4-28所示为新品打折促销信息。

▲ 图4-26　突出差异化卖点

▲ 图4-27　强调品牌、品质

▲ 图4-28　新品打折促销信息

2. 促销商品详情页的设计思路

对于促销商品，其详情页的设计需要考虑以下因素。

（1）突出活动力度。通过大力度的促销活动吸引买家对商品产生兴趣和关注。图4-29所示为下单即享多重好礼促销活动，突出了促销活动的力度。

（2）强调性价比。有时候光靠促销活动还不足以让买家购买，当买家对活动和商品产生兴趣后，再强调商品的性价比及品质保障，给买家塑造物超所值的感觉，更能有效地提高商品转化率。图4-30所示为强调性价比的详情页设计。

▲ 图4-29 下单即享多重好礼促销活动   ▲ 图4-30 强调性价比的详情页设计

3. 热卖单品详情页的设计思路

热卖单品指的是网店里销量比较高的商品，对于这类商品的详情页设计，需要突出商品的热销盛况并强调商品的功能优势。

（1）突出商品的热销盛况。卖家利用买家的从众心理去提高商品的转化率是常用的营销方式之一。突出商品的热销盛况，暗示买家商品被大众认可，可以减少买家的购买顾虑。图4-31所示为突出热销盛况的商品详情页。

（2）强调商品的功能优势。卖家利用商品的功能优势来证明大众选择的正确性，只有优质的商品才可以促使买家下决心购买。图4-32所示为强调商品功能优势的商品详情页。

▲ 图4-31 突出热销盛况的商品详情页   ▲ 图4-32 强调商品功能优势的商品详情页

素养课堂：网店设计逐渐"中国风"

现如今，伴随中国风的热度，越来越多的国产品牌开始运用中国风设计进行宣传，以传统符号与装饰元素为基础，将品牌理念与调性暗含其中，以潮流设计展现国产品牌风采。文化渊博的中华大地，不应该只有一种风格，于是更多民族的配色与特色被用到了网店设计中。比如，某家居的网店设计就在欧式装修风格的基础上融入了中国风的配色与点缀，形成了一种既与国际接轨又保有传统文化符号的新中式感。

中国风是文化底蕴，我们有几千年的文化背景，应有属于自己的风格，而中国元素又是中国风中一个不可磨灭的重要符号。中国是一个具有悠久历史和灿烂文化的文明古国，为世界创造了举世公认的辉煌艺术成就。中国风向我们表达的是集中国元素、理念创新、中国文化于一身的设计风格。网店装修设计的内涵是体现文化内涵，在设计中所要体现的中国元素的内涵并不是简单的图形或元素，而是从历史中提炼出文化的精髓和核心内容并对其进行创作。

创意是设计的灵魂，不管什么设计风格，一成不变会没有竞争力。网店设计人员不能一味地模仿现成的中国风元素，不该拘泥于展现某一个年代的某一件装饰，应该放眼整个历史长河，把感受具象化，形成自己独有的风格。

4.4 移动端网店首页装修

对移动端网店首页进行设计并增强其视觉效果，是增强网店首页吸引力的重要手段，下面介绍如何设计装修移动端网店首页。

4.4.1 首页装修入口

一个设计合理的网店首页能够对网店的发展起到重要的推动作用。移动端淘宝网店首页装修的具体操作步骤如下。

（1）打开淘宝网首页，单击"千牛卖家中心"，进入卖家中心，如图4-33所示。

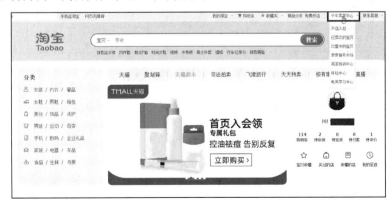

▲ 图4-33 单击"千牛卖家中心"

（2）执行"店铺"—"店铺装修"—"手机端店铺装修"命令，单击"装修页面"超链接，如图4-34所示。

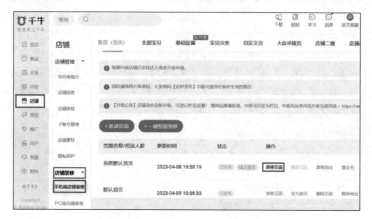

▲ 图4-34 单击"装修页面"超链接

（3）打开图4-35所示的"淘宝旺铺"页面。

▲ 图4-35 "淘宝旺铺"页面

4.4.2 添加店铺热搜

在网店首页可以添加店铺热搜商品，如图4-36所示。在网店首页添加店铺热搜商品的操作步骤如下。

（1）进入"手机端店铺装修"页面，打开"淘宝旺铺"页面，选择"图文类"下的"店铺热搜"模块，如图4-37所示。

▲ 图4-36　店铺热搜商品

▲ 图4-37　选择"店铺热搜"模块

（2）按住鼠标左键，将"店铺热搜"模块拖曳到移动端淘宝店铺首页相应的位置，如图4-38所示。

（3）松开鼠标左键，"店铺热搜"模块添加成功，在右侧设置模块名称和样式，如图4-39所示。

▲ 图4-38　将"店铺热搜"模块拖曳到相应的位置

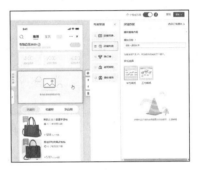
▲ 图4-39　在"店铺热搜"模块中设置模块名称和样式

4.4.3　添加店铺优惠券

店铺优惠券是指卖家设定的全店商品都可使用的优惠券。店铺优惠券是一种虚拟的电子现金券，是卖家在开通营销套餐后获得的促销工具。店铺优惠券具有很大的灵活性和选择空间，由卖家自定义其面额、发放对象及数量。店铺优惠券可以帮助店铺引流，从而提高商品成交量，使卖家获取更多的利润。移动端淘宝网店首页的店铺优惠券如图4-40所示。

添加店铺优惠券的具体操作步骤如下。

（1）进入"手机端店铺装修"页面，选择"营销互动类"下的"店铺优惠券"模块，按住鼠标左键，将"店铺优惠券"模块拖曳到移动端淘宝店铺首页相应位置，松开鼠标左键，"店铺优惠券"模块添加成功，如图4-41所示。

▲ 图4-40　移动端淘宝网店首页的店铺优惠券

提示与技巧 ----------------

　　卖家可以在不用充值的前提下，针对网店新客或不同等级的会员发放不同面额的店铺优惠券。买家在购买商品时，可以使用获得的店铺优惠券抵扣现金。因为店铺优惠券是由卖家赠送给买家的，所以买家只能在本网店内使用。

　　（2）在移动端淘宝店铺首页右侧设置模块名称、样式和优惠券数量，如图4-42所示。

　　（3）单击"请选择优惠券"，打开优惠券选择对话框，勾选相应的优惠券，单击"确定"按钮，如图4-43所示。

　　（4）单击"发布"按钮，即可设置店铺优惠券，如图4-44所示。

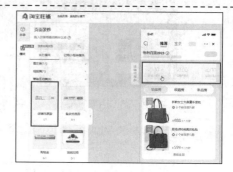

▲ 图4-41　将"店铺优惠券"模块拖曳到相应位置

▲ 图4-42　模块基础内容设置

▲ 图4-43　选择店铺优惠券

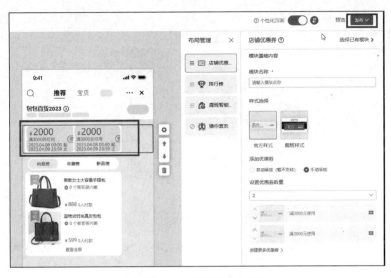

▲ 图4-44　设置店铺优惠券

案例分析

案例1——使用鹿班智能货架添加商品

使用鹿班智能货架不但可以解决店铺组货、陈列问题，还可以进行营销。使用鹿班智能货架添加商品的具体操作步骤如下。

（1）进入"淘宝旺铺"页面，选择"宝贝类"下面的"鹿班智能货架"模块。按住鼠标左键，将"鹿班智能货架"模块拖曳到移动端淘宝店铺首页相应位置，如图4-45所示。

▲ 图4-45　将"鹿班智能货架"模块拖曳到相应位置　　▲ 图4-46　单击"去鹿班选择"按钮

（2）松开鼠标左键，"鹿班智能货架"模块添加成功。在"模块名称"文本框中输入模块名称，单击"去鹿班选择"按钮，如图4-46所示。

（3）进入鹿班智能货架样式选择页面，选择一个适合自己网店的样式，单击"保存"按钮，如图4-47所示。

（4）返回"淘宝旺铺"页面，完成后的效果如图4-48所示。

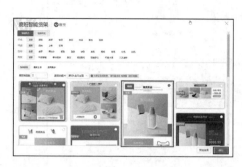

▲ 图4-47　选择样式　　　　　　　　　▲ 图4-48　完成后的效果

案例 2——使用店铺装修模板

　　随着淘宝店铺装修模板的全面上线，淘宝为卖家提供了更多个性化的店铺装修模板，在帮助卖家提高销量的同时，也提升了买家的浏览体验。当卖家购买了模板后，就可以自由使用该模板。

　　（1）登录千牛工作台，执行"店铺"—"店铺装修"—"PC端店铺装修"命令，单击"装修模板"标签，如图4-49所示。

▲ 图4-49　单击"装修模板"标签

　　（2）打开"装修市场"页面，选择相应的装修模板，如图4-50所示。

▲ 图4-50　选择装修模板

（3）打开模板详情页面，单击"马上试用"按钮可以试用模板，如图4-51所示。进入试用环境后，可自由调整模块顺序、排列商品等。

▲ 图4-51　试用模板

思考与练习

一、名词解释

1. 网店装修风格
2. 店招
3. 商品详情页
4. 店铺优惠券

二、选择题

1. 关于网店装修的目标，不正确的选项是（　　）。
   A. 页面色彩越多越好　　　　B. 装修风格要统一　　　　C. 商品展示要明确
2. 网店装修的内容，不包括（　　）。
   A. 商品详情页　　　　　　　B. 网店推广　　　　　　　C. 首页
3. （　　）自由灵活，可以设计个性化的页面风格，但对装修人员的要求较高。
   A. 购买服务市场的装修模板
   B. 专业网店装修公司
   C. 自主装修
4. （　　）店招通常会将网店名称、店标、宣传语放在醒目的地方，以便进行品牌形象塑造，并达到宣传引流的效果。
   A. 品牌宣传类　　　　　　　B. 活动促销类　　　　　　　C. 商品推广类

三、思考题

1. 网店装修的目标有哪些?
2. 网店装修的方法有哪些?

3. 店招设计规范是怎样的？
4. 商品详情页的作用有哪些？
5. 商品详情页的设计思路是怎样的？

任务实训

鹿班智能模板是一款集店铺装修和运营于一体的工具，能够有效帮助卖家装修店铺。使用鹿班一键全店智能装修的具体操作步骤如下。

（1）登录千牛工作台，执行"店铺"—"店铺装修"—"手机端店铺装修"命令，单击"一键智能装修"按钮，如图4-52所示。

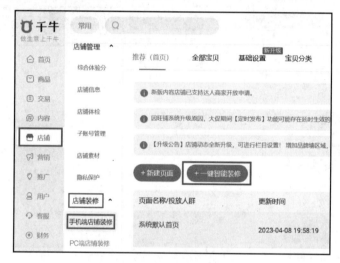

▲ 图4-52　单击"一键智能装修"按钮

（2）进入"一键智能装修"页面，选择适合自己店铺的模板，单击"下一步"按钮（见图4-53），即可看到应用模板后的效果。

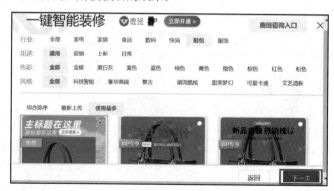

▲ 图4-53　单击"下一步"按钮

第5章 网店搜索引擎优化

本章引入

　　网店搜索引擎优化是卖家便捷获取流量、降低成本的一种方式，搜索引擎优化做得好可以让推广更高效、更容易。本章主要介绍搜索引擎优化认知、淘宝网的搜索规律、商品标题的优化、商品主图的优化、商品详情页的优化。

学习目标

知识目标	☑ 熟悉搜索引擎优化 ☑ 熟悉淘宝网的搜索规律
技能目标	☑ 掌握商品标题的优化 ☑ 掌握商品主图的优化 ☑ 掌握商品详情页的优化
素养目标	☑ 增强创新精神 ☑ 培养工匠精神，献身"中国智造"事业

知识框架

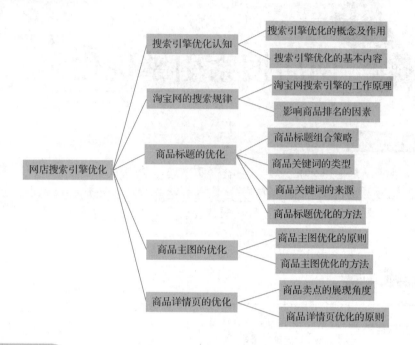

导引案例

残疾人淘宝开店共同致富

淘宝平台是一个能让残疾人自力更生、创业养家的平台。淘宝平台上有一个特殊的创业团队，团队成员全部是残疾人，其中还有不少高位截瘫患者。他们并肩创业，利用淘宝网店经营地方特色产品。团队成员间相互鼓励，坚强面对困难，不消沉、不放弃。他们积极的生活态度改变了自己的命运，将人生经营得有滋有味。

他们的办公室里只有几台计算机，墙上的一幅"诚信赢天下"的字帖格外醒目。两位坐着轮椅的工作人员在计算机前忙碌着，回答买家的咨询。

赵天云是该公司总经理，5年前因意外受伤，下半身瘫痪。面对这一打击，生性乐观的他很快走出困境，选择坚强面对，坚定前行。

目前公司的主要成员有6人，平均年龄为40岁。一次偶然的机会，他们几个有相同命运的人相识了。2020年3月，几个人开始筹划创办公司，最后决定先从操作较为容易的淘宝网店做起，开了一家主要经营土特产、特色手工编制品、根雕、花卉的网店。

如今，赵天云等人的公司已经迈出了第一步，为保证货源和产品质量，他们经常四处联系购买本地特产，租用冷库存储货物，到政府部门办理手续……虽然疲惫但也充实。不到一年的时间，网店的销售额已有1000多万元。

很多人可能会好奇，这样一个淘宝新店是如何在短时间内创下如此高的业绩的呢？他们非常注重店铺首页、商品详情页的优化，旨在凸显品牌的专业度。与此同时，他们还充分利用直通车在转化率高的地区投放广告，并且利用实时概况在转化率较高的时段进行大力推广。

思考与讨论

（1）淘宝新店应如何在短时间内创下高业绩呢？

（2）新手开店后，怎样不花钱去优化推广自己的网店？

5.1 搜索引擎优化认知

网店搜索引擎优化就是通过对商品进行合理的优化，使商品在网店搜索引擎中获得较好的排名，从而免费给商品带来流量的一种技术。

扫一扫

课堂讨论

（1）什么是搜索引擎优化，其有哪些作用？

（2）搜索引擎优化的基本内容有哪些？

5.1.1 搜索引擎优化的概念及作用

网店搜索引擎优化即通过对网店各方面（如商品标题、类目和商品详情页）进行优化设置，达到网店商品关键词排名靠前、商品曝光率和点击率提高的目的，同时提升买家的购物体验，进而提高店铺转化率，增加店铺销量。

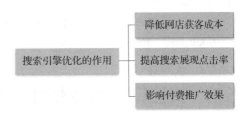

▲ 图5-1　搜索引擎优化的作用

搜索引擎优化的作用如图5-1所示。

1. 降低网店获客成本

网店的流量可以分为免费流量和付费流量，而网店获客成本指的是网店获取新客户产生的费用。如果网店搜索引擎优化做得好，网店的免费流量占比就大，也能为网店带来更精准的客户，能大大减少网店的获客成本，从而产生更大的盈利空间。

2. 提高搜索展现点击率

点击率是衡量商品对客户群体的吸引力、商品受市场欢迎程度的重要指标之一。点击率高说明了该商品在市场上较受欢迎。搜索引擎优化工作到位可以使在淘宝搜索引擎上的潜在买家更容易找到网店的商品，进而与网店达成交易。

3. 影响付费推广效果

如果一个网店过度重视付费流量而忽略搜索引擎优化，那么即使网店投入非常多的付费推广成本，付费推广的效果依然可能不好。所以，搜索引擎优化和付费推广是相辅相成的，做好付费推广的前提是做好搜索引擎优化。

5.1.2 搜索引擎优化的基本内容

网店搜索引擎优化包括以下基本内容：商品标题优化、商品主图优化、商品详情页优化，如图5-2所示。

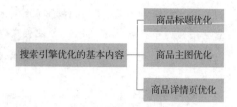

1. 商品标题优化

在网上开店，要想让商品被买家搜索到，重

▲ 图5-2 搜索引擎优化的基本内容

点应该是优化商品标题。在影响网店站内搜索结果排名的诸多要素中，商品标题是非常重要的一个。卖家要把商品的优势、特色、卖点融入商品标题中。

2. 商品主图优化

主图是商品的展示图，买家搜索商品时首先看到的就是商品主图。商品主图优化对提高商品的点击率很重要，因为在搜索结果页面买家看到的并不是一件商品，而是几十件商品。如果要使自己的商品在这几十件商品中脱颖而出，让买家点击，卖家就需要进行商品主图优化。

3. 商品详情页优化

商品详情页优化的好坏直接影响着店铺转化率的高低。商品详情页优化的主要作用表现在两个方面：一是吸引买家，提高商品成交的转化率；二是展示店铺促销信息，引导买家查看店铺其他商品，从而增加买家的购买金额。

提示与技巧

> 一个好的商品详情页，不仅可以降低页面跳失率、提升店铺转化率，还可以让营销成本下降。商品详情页就像商品的销售员，告诉买家为什么要买这件商品。

5.2 淘宝网的搜索规律

要做好网店搜索引擎优化，卖家就需要了解搜索引擎的工作原理和影响商品排名的因素。

5.2.1 淘宝网搜索引擎的工作原理

想要淘宝网店销量好，就要熟悉淘宝网搜索引擎的工作原理。买家在淘宝网购物一般都直接搜索想要的商品的名称，而商品搜索结果排名就关联着搜索引擎的工作原理。

淘宝网搜索引擎抓取的是商品信息，具体只抓取商品发布的类目、商品发布时填写的属性和商品标题。网络蜘蛛将网页信息抓取回来以后，搜索引擎会对这些信息进行分解、分析，并且将结果以表格的形式存入数据库，同时建立调用的索引。搜索引擎根据建立的索引能快速找到并且调用买家需要的网页。

当有买家在搜索引擎中输入关键词之后，单击"搜索"按钮，搜索引擎会对买家输入的关键词进行处理。例如，在淘宝网搜索引擎里搜索关键词"沙发"，显示的搜索结果如图5-3所示。

处理完关键词以后，淘宝网搜索引擎就会将它认为可能是买家需要的商品提取出来并推荐给买家，搜索引擎这时就要通过计算对这些商品进行排序。

▲ 图5-3　搜索结果

5.2.2　影响商品排名的因素

搜索引擎根据排序算法对商品进行排序，影响商品排名的因素包括店铺动态评分、相关性权重、商品权重、遵守规则、店铺装修等，如图5-4所示。

1. 店铺动态评分

淘宝店铺动态评分是指在淘宝网交易成功后，买家可以对本次交易的卖家进行如下三项评分：描述相符、服务态度和物流服务。淘宝网根据店铺的这三个指标，并与同行业的平均水平相比较，得到一个参数值，通过这个参数值给店铺、商品分配权重。一般来说，卖家的商品描述与实物相符、服务态度和物流服务好，买家就会给予高评分。

现在的淘宝网搜索规则对服务的要求越来越高，如果在淘宝网搜索商品，那么在搜索结果页面中可以看出排在前面的大多数店铺的商品描述与实物相符、服务态度和物流服务的评分都是高于平均水平的。某店铺的动态评分如图5-5所示。

▲ 图5-4　影响商品排名的因素

▲ 图5-5　某店铺的动态评分

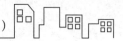

2. 相关性权重

对于网店平台而言，相关性是指买家搜索的关键词与商品的标题、类目属性之间的匹配程度，匹配程度越高，商品排名也会越靠前。

标题、类目属性与商品的相关性越高，商品被搜索到的可能性就越大，商品的质量分就越高，尤其是在做直通车推广的时候。完善的商品属性可以让买家对商品了解得更清楚，但是不要乱写，写错了淘宝网会算作违规并扣分。

3. 商品权重

商品权重对搜索排名有着非常大的影响，权重越高，在搜索引擎中所占的比例越大，排名也就越靠前。所以提升商品权重指标也在一定程度上有助于排名的提升。商品权重的主要影响因素包括商品的转化率、点击率、收藏率、加购率、好评率等。

一般情况下，转化率、点击率、收藏率、加购率越高，免费自然搜索流量就越多。店铺好评率或单品好评率越高越好，不宜有过多的中评与差评，中评与差评过多会影响商品的搜索排名。

4. 遵守规则

卖家一定要遵守淘宝网规则，店铺或者商品不要违规，如果因为违规被多次扣分，那么商品的排名是很难靠前的。

商品图片或标题有问题、在交易过程中改价幅度过大、更改过商品名字（改动词语多了，会被认作偷换商品炒作销量）等都会使商品被降权或被屏蔽。

5. 店铺装修

买家在装修美观的店铺停留的时间更长，这样会使店铺的排名更靠前。通常情况下，没有经过装修的店铺基本进入不了搜索排名的前几名，排名靠前的店铺装修得美观大方。所以，没有装修店铺的卖家可以简单装修一下。

5.3 商品标题的优化

扫一扫

商品标题是由关键词组合而成的，它往往能反映出买家的搜索意图。商品标题的优化原则是尽量符合用户的各种搜索习惯。

> **课堂讨论**
>
> （1）如何做好商品标题的优化？
> （2）商品的关键词应如何选择？

5.3.1 商品标题组合策略

一个完整的商品标题应该包括3个部分。

第一部分是"商品名称"，这部分要让买家一眼就能够明白这是什么东西。

第二部分是由一些"感官词"组成的，感官词在很大程度上可以提高买家点击商品链接的兴趣。

第三部分是由"优化词"组成的，卖家可以使用与商品相关的优化词来增加商品被搜索到的概率。

例如，"2023新款男士短款鸭绒外套正品羽绒服"，这个商品标题会让买家产生对商品的信赖感。"鸭绒外套""男士""羽绒服"这3个词是优化词，它能够让潜在买家更容易找到商品。

提示与技巧

当然，商品标题的用词必须严格遵守淘宝网的规则，不然店铺很容易遭到处罚。例如，商品标题需要和商品本身一致，不能干扰搜索。商品标题中出现的所有文字描述都要客观、真实，不得在商品标题中使用虚假的宣传信息。

在商品标题中，感官词和优化词有利于增加搜索量和点击量，但也不是必需的，商品名称必须出现在商品标题中。

一般商品标题主要有下面几种组合方式。

- 品牌、型号+商品名称。
- 促销、特性、形容词+商品名称。
- 地域特点+品牌+商品名称。
- 网店名称+品牌、型号+商品名称。
- 品牌、型号+促销、特性、形容词+商品名称。
- 网店名称+地域特点+商品名称。
- 品牌、型号+促销、特性、形容词+商品名称。
- 信用级别、好评率+网店名称+促销、特性、形容词+商品名称。

这些组合不管如何变化，商品名称一定是其中的组成部分。因为买家在搜索时首先会使用到的就是商品名称。至于选择什么组合方式，要根据市场、商品竞争激烈程度和目标消费群体的搜索习惯来确定，以找到最合适的组合方式。

5.3.2 商品关键词的类型

商品标题一般是由若干关键词组合而成的，长度最多为30个汉字（即60个字符）。商品标题优化的目的是使之符合买家的搜索习惯，同时也增加商品被搜索到的概率。卖家可以尽可能地组合各种与商品相符的关键词。按照买家搜索的特征，淘宝网的商品关键词可以分为如下几类，如图5-6所示。

1. 核心关键词

核心关键词是指商品的名称。在商品有多种习惯称呼的情况下，可以多设几个核心关键词，以满足更多人的搜索需求。例如，"红薯""番薯""山芋"指的是同一种食物，卖家可以选择里面常用的称呼作为该商品的核心关键词。

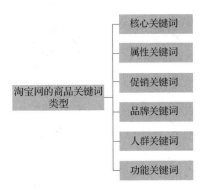

▲ 图5-6 淘宝网的商品关键词类型

2. 属性关键词

属性关键词是指商品的风格、材质等与属性相关的词语。例如，对于服装来说，风格属性关键词包括"甜美""淑女""休闲""运动""简约""学院""复古""中国风"等，材质属性关键词包括"棉布""麻布""丝绸""呢绒""皮革"等。

3. 促销关键词

促销关键词是指关于清仓、折扣、优惠券、满赠等活动信息的关键词，这类关键词往往容易吸引买家购买。因此，卖家经常推出各种促销活动，并将"特价""清仓""打折"等关键词体现在商品标题中，从而有效地吸引更多人的关注，提高商品和网店的浏览量。

4. 品牌关键词

如果卖家自己的品牌或者代理的品牌有足够的影响力，那么可以在商品标题中加入品牌关键词。品牌关键词包括商品本身的品牌关键词和店铺的品牌关键词，如"李宁""安踏"属于商品本身的品牌关键词，"韩都衣舍"属于店铺的品牌关键词。增加商品本身的品牌关键词可以为买家提供更精确的搜索信息，而增加店铺的品牌关键词可以为买家提供一个具体、可记忆、便于查找的网店品牌。

5. 人群关键词

人群关键词是指商品销售中针对的目标人群，如"老人""儿童""学生""女性"等关键词。人群关键词经常在一些面向人群比较具体的商品中使用，如运动服、玩具等。

6. 功能关键词

功能关键词是指描述商品的实际用处或效果的关键词。这类关键词包括"增高""显瘦""保温""保鲜"等，一般在化妆品类商品中使用较多。还有一些功能性比较强的商品也经常使用功能关键词，如保温杯、空调、保鲜饭盒等。

5.3.3 商品关键词的来源

选择适当的关键词是提高网店访问量的关键，淘宝网获取关键词的来源有很多，卖家可以通过以下途径来选择关键词。

（1）选择淘宝直通车提供的相关词作为关键词，如图5-7所示。

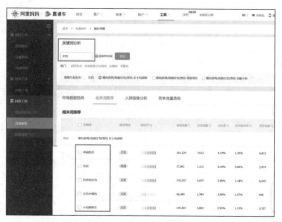

▲ 图5-7 淘宝直通车提供的相关词

（2）使用商品标题中的关键词，如图5-8所示。

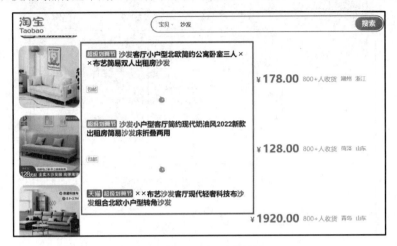

▲ 图5-8　商品标题中的关键词

（3）使用商品详情里的属性词，如图5-9所示。

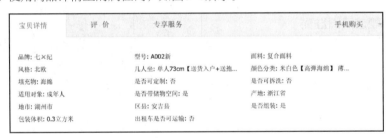

▲ 图5-9　商品详情里的属性词

（4）使用淘宝网首页搜索下拉列表中的关键词，如图5-10所示。

（5）使用搜索结果页面中的"您是不是想找"以及更多筛选条件中的关键词，如图5-11所示。

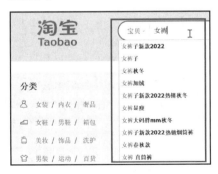

▲ 图5-10　淘宝网首页搜索下拉列表中的关键词

▲ 图5-11　筛选条件中的关键词

（6）使用商品类目中的关键词，如图5-12所示。

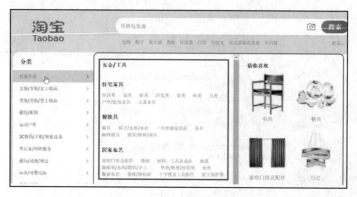

▲ 图5-12 商品类目中的关键词

5.3.4 商品标题优化的方法

优化商品标题的重点是把商品最核心的卖点用精练的语言表达出来。卖家可以列出四五个卖点，然后选择其中重要的3个卖点融入商品标题中。下面是优化商品标题的一些方法。

1. 标题应清晰准确

商品标题应该清晰而且准确，尽量突出商品的卖点，让买家在很短的时间内就能轻松读懂。

2. 体现价格信号

价格是买家关注的重要内容之一，也是能直接刺激买家做出购买行为的关键因素。所以，如果商品具备一定的价格优势，或正在进行优惠促销活动，如"特价""清仓特卖""仅售××元""包邮""买一赠一"等，则可以在标题中用简短有力的词注明。

3. 注明进货渠道

如果网店的商品是厂家直供或从国外直接购进的，可在标题中注明，以突出商品的独特性。

4. 注明售后服务

在网上购物不能看到实物，对于某些商品，许多买家会有所顾虑。因此，卖家可以提供售后服务，如"无条件换货""全国联保"等，这些都可以在标题中注明。

5. 尽可能避免关键词内耗

一般来说，一个网店最多只有两个使用相同关键词的商品同时排到展示的第一页，其他页面也有类似的约束。假如一家网店有5款衬衫，销量接近，下架时间也比较接近，而且商品标题都包含"2023秋季新款"，那么就会出现关键词内耗，可能会导致3款衬衫的展示机会被浪费。

提示与技巧

品类相同、下架时间接近、销售权重接近的多个商品，如果拥有相同的关键词，卖家应给某些商品适当替换一些关键词，以获得更大的展示范围。

6. 呈现成交量

如果网店中某件商品的销量在一段时间内较高，就可以在标题中使用"月销上千"等文字。卖家善用这些能够调动人情绪的词语，对提高网店的销量很有帮助。

7. 标题应生动、自然

制作商品标题时，应尽量让标题生动、自然，不可刻意追求标准化，否则不利于为买家带来个性化的购物体验，会影响商品的转化率和复购率。

8. 不宜频繁地修改商品标题

不宜频繁地修改商品标题，商品标题的变化幅度也不能太大。用生意参谋来监控商品，重点关注的是标题中哪些关键词给网店带来了流量，标题中哪些关键词甚至没有带来展现机会，继续观察一段时间之后，就需要将没有带来展现机会的关键词删除，并替换为新的关键词，将能给网店带来流量的关键词保留。对于热卖的商品，修改其标题时一定要慎重，不要轻易改动标题。

5.4 商品主图的优化

设计出一张具有视觉冲击力和个性的网店商品主图，不但能让商品在众多竞争者中脱颖而出，而且能为网店获得更多的流量和更高的点击率。因此，商品主图的优化是卖家的必修课程。

扫一扫

5.4.1 商品主图优化的原则

商品主图的设计对卖家来说是非常重要的，商品主图的好坏决定了商品点击率的高低，点击率的高低也影响着这个商品能否成为热销款。商品主图可以直接将商品信息、活动和利益点更好、更快地传达给买家。

商品主图最多可以有5张，最少要有1张，第一张商品主图一般会在商品搜索页面中显示。在制作商品主图时，建议从不同的角度展示商品，如服装类商品的主图建议从正面、侧面、背面、细节、包装等角度分别进行展示。

商品主图优化应该遵循以下原则。

（1）严谨。在优化商品主图的时候要找到适合网店、商品的方法，不可盲目优化。

（2）凸显卖点。把商品的卖点也就是商品的优点体现出来，如折扣、包邮、价格低等。

（3）注重实际效果。图片做好之后一定要进行对比测试，不要主观地认为做出来的图片一定就好，要客观对待，进行对比测试，通过流量变化来判断。对没达到优化预期效果、不合格的图片要果断删除，然后继续优化。

5.4.2 商品主图优化的方法

怎样优化商品主图呢？其优化方法如下。

1. 尺寸符合要求

淘宝商品主图的标准尺寸是800像素×800像素，对于800像素×800像素以上的图

片，商品详情页会为其提供图片放大功能。买家在将鼠标指针移至商品主图上时，可以查看该商品主图的细节。图5-13所示为使用图片放大功能查看商品主图的细节。

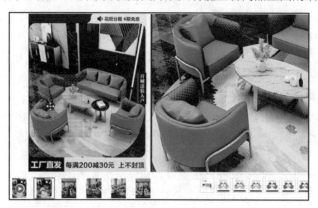

▲ 图5-13　使用图片放大功能查看商品主图的细节

由于大量电商平台的商品主图尺寸都是800像素×800像素，为了使商品主图适配大多数电商平台，因此一般将商品主图的尺寸统一设置为800像素×800像素。

2. 图片美观

设计商品主图时还要注意图片的美观。很多卖家由于不懂美工设计，在设计商品主图时过于随意，这对网店的发展是非常不利的。

3. 图片清晰

卖家如果想让图片吸引人，激发买家的购买欲望，就要保证图片足够清晰。清晰的商品主图不仅能体现商品的细节和各种相关的信息，还能极大地增强商品的视觉冲击力。模糊、错乱的图片不仅影响买家的视觉体验，还影响商品的价值体现，导致买家对商品失去信心。图5-14所示为清晰的商品主图。

4. 卖点突出

点击率高的商品主图，其商品卖点一般都很突出。卖家如果想做好商品主图，就需要对商品有充分的了解，然后根据商品的具体功能分析目标人群、挖掘核心卖点。卖家在添加卖点文案的时候，一定要体现最重要的功能，不要把所有的功能都添加在图片上，否则会造成图片混乱、缺乏美感，甚至本末倒置。图5-15所示为卖点突出的商品主图。

▲ 图5-14　清晰的商品主图　　　　　▲ 图5-15　卖点突出的商品主图

5. 选择合适的背景

选择图片的背景时，需要针对不同的商品进行具体分析。纯色背景能给人清新的感觉，在更好地突出主体商品的同时，也便于添加文字说明等其他信息。合理的布局可以提升商品形象，更容易吸引买家的注意。

5.5 商品详情页的优化

扫一扫

网店商品详情页除了能告知买家商品的基本情况外，还能通过一些细节展示和文字描述来打消买家的购买疑虑、售后顾虑，从而促成购买。商品详情页优化的好坏直接影响着网店商品转化率的高低。

课堂讨论

（1）如何做好商品详情页的优化？
（2）商品卖点的展现角度有哪些？

5.5.1 商品卖点的展现角度

商品卖点是卖家传递给买家的商品信息中非常重要的部分，它可以向买家传递某种主张或某种承诺，告诉买家购买该商品后会得到什么好处，并且这种好处是买家能够接受和认可的。商品卖点的展现角度如图5-16所示。

卓越的商品品质

高性价比

商品卖点的展现角度 —— **显著的商品功能**

独家卖点

完善的售后服务

1. 卓越的商品品质

商品品质是买家选购商品的主要影响因素之一。卖家只有保证商品品质，才能让买家对商品更有信心。

2. 高性价比

性价比是指商品的性能价格比。商品的性

▲ 图5-16　商品卖点的展现角度

价比越高，买家越趋向于购买，因为这代表买家能花费较少的钱来购买较好的商品。

3. 显著的商品功能

不同的商品具有不同的功能，买家购买商品实际上是购买商品所具有的功能。如果商品的功能与买家的需求相符，且超出了买家的预期，就会给买家留下良好的印象，从而得到他们的认可。

4. 独家卖点

独家卖点是指某个商品特有的、其他同类商品不具有的卖点。独家卖点是买家对商品的识别点，在买家心目中这个卖点就代表这个商品的价值。一般来说，核心卖点往往会被打造成独家卖点。如果某商品拥有独家卖点，那么它的竞争力非常强。独家卖点主要有以下两种类型。

（1）独家软实力。软实力通常是指企业的品牌价值、品牌故事、团队、某种独家工艺、某种独家配方、某种创新技术等，这些通常难以被同行复制和模仿。从企业的软实力中寻找的卖点具有唯一性，往往很容易被打造为独家卖点。

（2）独家垄断认知。独家垄断认知卖点即无法复制、有一定行业门槛和壁垒的卖点。一旦找到独家垄断认知卖点，该品牌就具有其他品牌无法比拟的核心竞争力。

素养课堂：董明珠揭秘格力发展秘诀：创新是企业的动力

董明珠说："今天的格力在自主创新上是领先的，我们平均每天有37项专利问世，很多研发成果都是独创的。当下中国缺的不是产品而是品牌，我们想要走向世界，一个格力远远不够。创新是永恒的话题，只有挑战过的人，回头看的时候才不会后悔。"

"即使我们站在了山顶，我们的头顶还有星空。"正是基于这种不断追求创新的意识，格力自觉承担起了助力中国制造业转型升级的责任。在智能装备、精密模具等高端装备领域不断发力，并取得了不俗的成绩。

2023年3月30日，"2022年度中国标准创新贡献奖"颁奖典礼在南京举行，格力董事长兼总裁董明珠荣获中国标准创新贡献奖突出贡献奖，也是此次唯一获得该奖项的企业家。此次获奖，标志着格力在董明珠的带领下，自主创新推动标准化战略方面的成绩得到国家有关部门的高度认可。

多年来，格力坚持走"自主创新"的发展道路，高度重视并大力推行标准领先战略，把国家标准、国际标准作为门槛，以消费者的需求为最高标准。实施以消费者需求和社会责任为导向的标准领先战略，以技术标准助推企业、行业高质量发展。

格力始终以满足消费者需求的标准为核心理念，以给消费者带来更美好的生活为目标，进行不断的自主创新。根据消费者的需求来修订标准，针对不同的产品和使用场景，来制定不同的标准，从而实现企业标准化水平的持续提升。

从"中国制造"向"中国智造"转变，中国企业要走向世界、走向国际，其中的关键是要自主掌握核心技术。格力要坚持面向世界前沿，让国际竞争舞台上能有更多的中国声音，及时把中国新理念、中国新技术向国际传递，助推全球制冷行业的技术升级发展。

必须坚持科技是第一生产力、人才是第一资源、创新是第一动力，深入实施科教兴国战略、人才强国战略、创新驱动发展战略，开辟发展新领域新赛道，不断塑造发展新动能新优势。

---

5. 完善的售后服务

售后服务是指商品出售以后卖家所提供的各种服务活动。售后服务完善的商品更能吸引买家下单购买。

卖家可以通过商品详情页文案将售后信息公布出来，这样做可以向买家传达一种信息——卖家有健全的售后制度，从而让买家产生信任感。

5.5.2 商品详情页优化的原则

商品详情页作为买家了解商品的落地页，直接影响着商品的转化率。下面具体讲述商品详情页优化原则，如图5-17所示。

1. 真实可信

商品详情页中的商品信息描述要符合实际情况，特别是商品的细节描述、材质和规格等基本信息，一定要真实可信，不能肆意夸大，也不能故意隐瞒或弄虚作假。

2. 文字通俗易懂

文字的根本用途是传达信息。要想准确、快捷

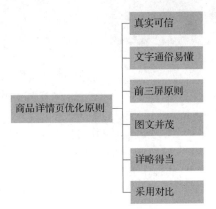

▲ 图5-17 商品详情页优化原则

地传达信息，商品详情页中的文字就需要通俗易懂、浅显明了，有很强的可读性。商品详情页的文字要让买家能直观地明白文案内容，不需要花时间去解读，减少买家的阅读障碍。标题或重要文字需要使用大字号，使其醒目；强调类文字要使用醒目的颜色，以增强可读性。如果内容较多，则需要留出足够的空白以分段。

3. 前三屏原则

前三屏原则是指商品详情页虽然内容丰富（有的多达十几屏），但买家会不会下单购买，主要取决于商品详情页的前三屏。一般来说，买家在看了前三屏后，心里就会有初步决策。所以卖家在撰写商品详情页文案的时候，要在前三屏中体现商品的价值点，以价值点吸引买家，降低页面的跳失率。其中最重要的是首屏聚焦原则，即在首屏就要引起买家的注意，直指买家的痛点和商品的优势。这样才能牢牢抓住买家的心，有效地减少店铺的流失率。

4. 图文并茂

在商品详情页中需要用文字来进行必要的说明，但吸引买家的主要还是图片。优美的文字搭配出色的图片，即便没有购买意愿的买家心中也能留下良好的印象。商品详情页文案离不开图片的支持，卖家可以在图片中添加文字，也可以在图片外的空白地方添加文字；但要注意文字不能遮盖图片所要传达的信息，同时要保证图片清晰，重点突出。

5. 详略得当

大多数买家不喜欢在众多的文字描述中提炼商品的有用信息，如果商品详情页文案是一些重复且没有重点的信息，大多数买家会直接退出商品详情页。

6. 采用对比

商品质量、材质和服务等都可以作为对比的对象，卖家应该从买家关心的角度出发，对可能引起买家关注的问题进行对比分析，从而突出自身商品的优点。例如，食品类商品可从产地、包装、密封性、新鲜程度、加工、储存等方面进行比较，服装类商品可从做工、面料、厚薄等方面进行对比。

案例1——优化商品主图，提高点击率

为了吸引买家点击，在商品主图中适当添加一些文案会起到画龙点睛的作用，如添加商品卖点、功能、促销等文案信息。

优化商品主图从而提高点击率的方法有如下几种。

1. 突出商品

商品主图的作用在于展示商品，需要清晰地将商品展示出来，要体现出商品的关键信息，让买家能清晰地知道商品的具体样子。图5-18所示为商品突出的主图。

2. 添加品牌信息

在商品主图中添加品牌信息也是吸引买家的有效手段之一。对于已经拥有良好形象与口碑的品牌而言，在商品主图中添加品牌标志会使浏览到该商品的买家产生信赖感，从而提高主图点击率。图5-19所示为添加品牌信息的主图。

▲ 图5-18　商品突出的主图

▲ 图5-19　添加品牌信息的主图

3. 文案精练

商品主图中的文案一定要精练，言简意赅，要尽量避免在主图中堆积卖点文案，同时文案字号不要过小，否则会影响移动端的浏览效果。图5-20所示为文案言简意赅的主图。

4. 设置促销文案

当买家已经对商品产生了兴趣，但还在犹豫不决的时候，卖家就需要通过商品主图文案给买家一个推动力，让买家尽快下单购买。卖家可以在商品主图中设置"满就减""满就送""打折促销"等文字，这些文字容易引导买家购买商品，让其尽快采取行动。图5-21所示为设置促销文案的主图。

5. 抓住目标买家的痛点

卖家可以设身处地地从买家的角度来寻找痛点，思

▲ 图5-20　文案言简意赅的主图

考买家必须买这款商品的理由，以买家的痛点塑造网店商品的卖点，以加深买家的认同感并提高他们的购买欲望。图5-22所示为抓住目标买家痛点的主图，以买家的痛点带出网店商品的卖点，从而加深买家的认同感，刺激他们的购买欲望。

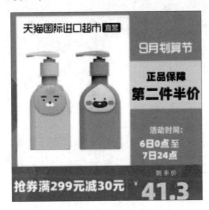
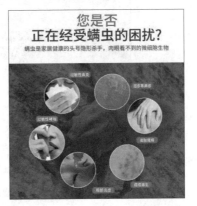

▲ 图5-21 设置促销文案的主图 　　▲ 图5-22 抓住目标买家痛点的主图

案例2——商品核心卖点的提炼流程

在商品详情页优化中重要的是商品核心卖点的提炼，在商品同质化的情况下，卖家如何提炼商品核心卖点，才能达到提高销量的效果呢？商品核心卖点的提炼流程如下。

1. 查找商品资料

卖家要提炼商品核心卖点，就需要查找商品的相关资料，从相关资料里面找出商品与众不同的卖点。

2. 整理与商品相关的买家需求

卖家必须了解和研究买家，搜集买家现在关心什么、有什么需求等信息，根据买家的需求来创作商品详情页。卖家只有探究到买家真正的需求，并据此进行商品详情页创作，才能促使该商品最终成功销售。

3. 对比分析同类型商品

卖家可以找到相同或者相似的商品，并与自己的商品进行比较，通过对比，找出核心的差异化卖点。差异化卖点就是指自己的商品与同类型商品不同的卖点，这种不同可以是自己的商品拥有而竞争对手的商品不具备的特性，也可以是同类型商品拥有但从未被提到过的特点。

4. 归纳和表达商品核心卖点

卖家提炼出卖点后，还需要借助网站分析商品和卖点，最后表达出核心卖点，相关步骤如下。

（1）在电商平台中分析同类商品：卖家通过主要的电商平台可以搜索关键词并找出同类商品，然后筛选款式、价格相近的商品，按销量和人气排名找出多个商品，再从筛选出的商品中通过主图、描述、评价等找出该类商品的卖点。图5-23所示为分析淘宝平台中同类商品的卖点。

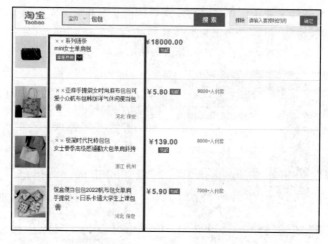

▲ 图5-23　分析淘宝平台中同类商品的卖点

（2）分析目标人群的特点：不同类型的买家有不同的兴趣爱好及消费观念，那么卖点的提炼也要根据目标人群的特点来进行。

（3）分析商品自身的特点：撰写商品详情页方案前，卖家需要了解该商品的特点和优势，分析其与提炼核心卖点的前面两个步骤所收集的信息在哪些方面是重合的，并把这些特点和优势都罗列出来。

（4）筛选符合规则的卖点：这里的规则主要是指商品的差异化、人群需求与心理、商品优势与店铺定位等。

（5）选择核心卖点的表述方式：确定核心卖点后，卖家可以通过主图、标题、描述、买家评价来突出商品的核心卖点。

思考与练习

一、名词解释

1. 网店搜索引擎优化
2. 淘宝店铺动态评分
3. 属性关键词

二、选择题

1. 关于搜索引擎优化的作用，下列说法不正确的是（　　　）。

   A. 不影响付费推广效果

   B. 降低网店获客成本

   C. 提高搜索展现点击率

2. （　　　）就像是商品的销售员，告诉买家为什么要买这件商品。

   A. 商品标题　　　　　　　B. 商品详情页　　　　　　　C. 商品主图

3. 标题、类目属性与商品的（　　　）越高，商品被搜索到的可能性就越大，商品的质量分就越高。

    A. 商品权重　　　　　　　　B. 店铺动态评分　　　　　　C. 相关性

4.（　　　）是指商品的名称。

    A. 核心关键词　　　　　　　B. 属性关键词　　　　　　　C. 品牌关键词

三、思考题

1. 搜索引擎优化的基本内容是怎样的？
2. 淘宝网搜索引擎的工作原理是怎样的？
3. 影响商品排名的因素有哪些？
4. 商品标题组合策略有哪些？
5. 商品主图优化的原则有哪些？

任务实训

    小李是一家淘宝网店的运营人员，通过网店数据分析，他发现店内商品的免费流量占比较低，通过自然搜索进店的访客数很少。为了使店内的商品获得更多的免费流量，小李决定对网店内商品进行优化。

（1）参考商品标题组合策略和商品关键词的类型，对商品标题关键词进行拆分。

（2）根据商品关键词的来源，从多种渠道挖掘关键词，组合成新的商品标题。

（3）根据商品主图优化方法，优化商品主图。

（4）查看淘宝网同类商品中排名靠前的3个商品的详情页，根据其详情页优化自己店铺的商品详情页。

第6章 网店营销与推广

本章引入

　　近年来，虽然网店的数量与日俱增，但许多网店由于缺乏营销与推广，只是昙花一现。网店同传统的商店一样都需要营销推广，因此，制定既适合网店又适合网络环境的营销与推广活动就显得十分必要。本章主要介绍平台活动营销、网店营销工具、直通车推广、直播营销、短视频营销。

学习目标

知识目标	☑ 熟悉平台活动营销 ☑ 熟悉直播营销 ☑ 熟悉短视频营销
技能目标	☑ 掌握网店营销工具的使用 ☑ 掌握直通车推广的使用方法 ☑ 掌握淘宝直播营销的方法
素养目标	☑ 培养诚实守信的道德品质 ☑ 培养遵纪守法的意识

知识框架

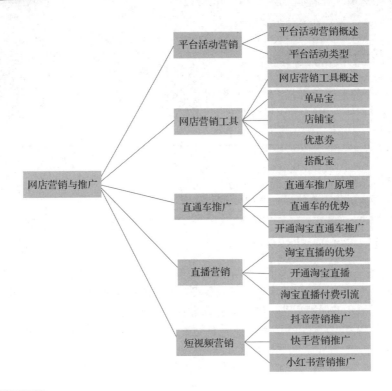

平台活动营销 —— 平台活动营销概述
　　　　　　　　平台活动类型

网店营销工具 —— 网店营销工具概述
　　　　　　　　单品宝
　　　　　　　　店铺宝
　　　　　　　　优惠券
　　　　　　　　搭配宝

网店营销与推广

直通车推广 —— 直通车推广原理
　　　　　　　　直通车的优势
　　　　　　　　开通淘宝直通车推广

直播营销 —— 淘宝直播的优势
　　　　　　　　开通淘宝直播
　　　　　　　　淘宝直播付费引流

短视频营销 —— 抖音营销推广
　　　　　　　　快手营销推广
　　　　　　　　小红书营销推广

导引案例

小米 MAX 直播营销推广

　　小米在营销方面一直奇招频出，为了推广小米MAX，作为公众人物的小米创始人雷军也开启了直播，吸引了数千万消费者前去围观。雷军在直播中不仅向消费者展示了小米MAX的性能优势，还讲解了许多关于伪基站的知识，获得了不少关注。

　　雷军对直播这样的推广模式表示了肯定，他认为直播能够改变信息的交互模式，为消费者带来更好的购物体验。在雷军的直播推广后，小米MAX的销量有了惊人的上涨，实现了销售额的突破。雷军是众多消费者熟知的"网络红人"，其直播具有很强的影响力和号召力，能引导更多消费者购买商品，推动小米MAX销量的增长。

　　小米MAX直播营销推广获得了巨大的成功，直播带来的巨大流量能够为商品推广带来惊人的收益。雷军就恰逢其时地把握住了这个时机，提升了小米手机的销量。

　　从上述堪称直播营销的经典案例中我们可以发现，企业或网店通过直播进行商品宣传能够实现多赢。

思考与讨论

（1）企业或网店采取直播营销有哪些好处？

（2）小米是如何开展直播营销的？

6.1 平台活动营销

平台活动就是以品牌推广、新品预售、清仓处理、积累买家为目的，以节日、事件为载体，有计划实施的一系列促销活动。

扫一扫

课堂讨论

（1）什么是网店平台活动营销？

（2）淘宝网店常见的平台活动营销有哪些？

6.1.1 平台活动营销概述

网店流量是卖家生存和发展的源泉，从电子商务平台站内引流，是直接、快速增加流量的方法。平台活动是指以特定的电子商务平台为载体，通过使用营销工具与实施营销活动，提高店铺流量的促销活动。由于平台活动拥有广泛的受众，所以这些活动具有影响力大、流量大的特点，卖家适当地参与这些活动有助于提高知名度、促进销售等。

平台活动营销的主要作用如下。

（1）激励买家产生第一次购买行为。买家第一次进入一家网店购买商品时心中存在的疑虑是很多的，促销活动执行到位可以调动买家的购买热情，让买家消除疑虑进而购买。

（2）让在店铺消费过的买家再次光顾店铺。在商品质量没有问题的基础上，已经在店铺消费过的买家对该店铺的疑虑是比较少的，但是买家的消费需求是周期性的，一场成功的促销活动可以让买家坚定再次在店铺消费的信心，缩短买家的消费周期。

（3）帮助卖家在短时间内抢占市场份额。任何一场促销活动都是以增加销售量或者销售额作为最终目的的，好的促销活动可以带来更多买家，也可以提高买家的平均购买金额。在新商品上架时，卖家还可以利用促销活动快速打开市场。

（4）利用促销活动给予买家实在的好处，以回馈市场、回馈买家。

6.1.2 平台活动类型

平台活动是由网络平台组织卖家开展的促销活动。平台活动可以分为频道活动、行业活动和节庆活动3种类型。

1. 频道活动

频道活动是指每天都在特定频道进行的活动，如淘宝聚划算，如图6-1所示。

▲ 图6-1 聚划算活动

2. 行业活动

行业活动是指面向某个行业商品不定期举行的活动。例如，面向男装、女装、化妆品、家电、运动、美妆等举行的活动，这类活动的流量入口主要在平台行业类目页。图6-2所示为淘宝行业活动。

▲ 图6-2 淘宝行业活动

3. 节庆活动

节庆活动是指电子商务平台内部组织的固定活动，如"双十一""双十二""年货节"。每年的11月11日，各大电子商务平台都会进行全平台的促销活动，这类活动是涉及范围广、宣传力度大的平台活动。图6-3所示为节庆活动。

▲ 图6-3 节庆活动

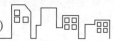
6.2 网店营销工具

为了让店铺销售更好地达到预期效果，卖家在引流推广和店铺活动环节都要适当地加大营销力度，主要可通过送优惠券、搭配销售等形式来实现，这些营销活动需要网店营销工具的支持。

6.2.1 网店营销工具概述

网店营销工具是指在网店运营过程中从事营销活动所使用的工具，能极大地帮助卖家提高销售量、开拓销售渠道、推广商品品牌，是每个卖家推广网店的首选工具。下面以淘宝平台营销工具为例进行介绍。淘宝平台为卖家提供的营销工具主要有优惠券、裂变优惠券、单品宝、店铺宝、搭配宝、赠品等，这些工具展现在淘宝后台营销工具中心，如图6-4所示。

除了官方配套的营销工具，在淘宝服务市场交易平台还有第三方提供的各种各样的营销工具，如图6-5所示。这些工具同样可以帮助

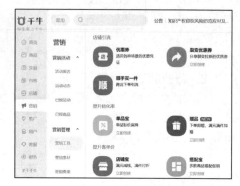

▲ 图6-4 淘宝后台营销工具

卖家实现打折促销、首件优惠等诸多功能，满足多种场景的使用需求。

提示与技巧

由于营销工具既能体现一定的优惠力度，又有一定的时效限制，因此将这些营销工具与推广活动搭配起来使用，能起到促进买家购买、提高店铺转化率、提高客单价、促进关联消费、提升店铺业绩的作用。

▲ 图6-5 淘宝服务市场

6.2.2　单品宝

单品宝是针对店铺某个商品灵活设置打折、减钱、促销价的工具，是原来限时打折工具的升级版。订购了此工具的卖家可以在网店中选择一定数量的商品，在一定时间内以低于日常价的价格进行促销活动。设置单品宝优惠后，在PC端和移动端搜索页均会显示该商品的折后价格。图6-6所示为单品宝活动价格。

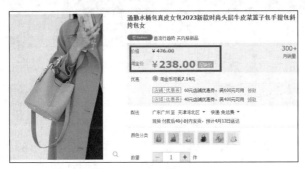

▲ 图6-6　单品宝活动价格

设置单品宝的具体操作步骤如下。

（1）在千牛工作台执行"营销"—"营销管理"—"营销工具"命令，在"工具列表"中单击"单品宝"下面的"立即创建"超键接，如图6-7所示。

（2）打开单品宝设置页面，根据提示一步步设置，如图6-8所示。在"活动标签"选中"日常活动"或者"官方活动"，"日常活动"不能自定义，只能选择已有的标签，"官方活动"针对特定人群进行单品优惠。

▲ 图6-7　创建单品宝

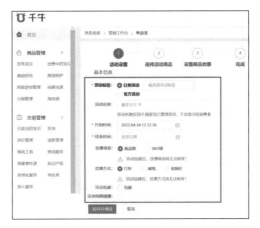

▲ 图6-8　单品宝设置页面

6.2.3　店铺宝

店铺宝为店铺优惠工具。它支持创建部分商品或全店商品的满减、满折、满包邮、满送权益、满送赠品等营销活动。图6-9所示为店铺宝满减送优惠券活动。

▲ 图6-9　店铺宝满减送优惠券活动

创建店铺宝的具体操作步骤如下。

（1）在千牛工作台执行"营销"—"营销管理"—"营销工具"命令，在"工具列表"中单击"店铺宝"下面的"立即创建"超链接，如图6-10所示。

（2）打开店铺宝设置页面，根据提示一步步设置，在优惠门槛及内容中设置优惠条件，可支持满减、满折、满送赠品、满送权益（如优惠券），若需要多级优惠，可单击"增加一级优惠"按钮，最多支持5级优惠，优惠力度需逐级加大，如图6-11所示。

▲ 图6-10　创建店铺宝

▲ 图6-11　设置优惠门槛及内容

6.2.4　优惠券

优惠券是一种虚拟的电子券，卖家可以在不充值现金的前提下，针对新客户或者不同等级会员发放不同面额的店铺优惠券。买家可以使用获得的店铺优惠券，在购买商品时抵扣现金。图6-12所示为某店铺优惠券页面截图。

优惠券是一种常见的营销推广工具。优惠券的作用是卖家让利给买家，刺激买家在浏览过程中下单，提高下单率，从而提升店铺的交易额。优惠券包括店铺优惠券、商品优惠券和包邮券3种类型。

（1）店铺优惠券。店铺优惠券为全店通用，买家购买店内任一商品可凭券抵扣现金。

（2）商品优惠券。商品优惠券为定向优惠券，买家购买特定商品可凭券抵扣现金。

（3）包邮券。买家购买店内任一商品可凭包邮券享受包邮权益。

在千牛工作台执行"营销"—"营销管理"—"营销工具"命令，在"工具列表"中单击"优惠券"，进入"新建优惠券"页面，如图6-13所示。

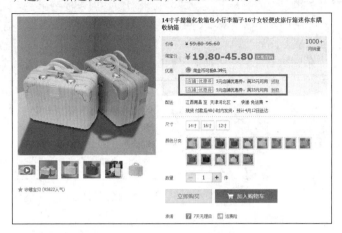

▲ 图6-12　某店铺优惠券页面截图

▲ 图6-13　新建优惠券

店铺优惠券主要应设置好以下信息。

（1）推广渠道。目前有3种推广渠道：全网自动推广、官方渠道推广、自有渠道推广。

（2）优惠券名称。优惠券名称不能使用特殊符号，如"（）""#"等，建议将优惠券名称修改为纯文字形式。

（3）面额门槛。全网自动推广及自有渠道推广模式不支持设置无门槛优惠券，优惠券使用门槛必须高于优惠券面额1元；官方渠道推广模式下的优惠券支持无门槛设置。

（4）每人限领张数。买家只能领取限领额度内的优惠券张数。如限领1张，当买家领取1张优惠券后，不管是否使用，都不能再次领取。

6.2.5　搭配宝

搭配宝即将几种商品组合在一起设置成套餐来销售，通过促销套餐可以让买家一次性购买更多商品。搭配宝加入了智能算法，用以推荐合适的搭配商品，提高客单价和店铺转化率。搭配套餐可以提升网店的销售业绩，提升销售笔数，提高商品曝光率，节约人力成本。图6-14所示为某网店搭配套餐活动的页面截图。

▲ 图6-14　某网店搭配套餐活动的页面截图

搭配销售的注意事项如下。

（1）一个套餐最多可以同时搭配5件商品，套餐中每件商品都可以由买家评价。

（2）搭配套餐的总价要低于单个商品原价的总和。如果搭配套餐的总价高于单个商品原价的总和，系统将自动按单个商品原价的总和销售。

（3）搭配套餐的商品关联性要强。搭配商品时要注意商品结构的搭配，商品间的关联性一定要强，否则不仅效果不好，甚至可能会降低买家的购物热情。

搭配宝的创建和设置与前面几个网店营销工具类似，这里不赘述。

6.3　直通车推广

淘宝直通车推广利用点击让买家进入网店，产生一次甚至多次的网店内跳转流量。这种以点带面的关联效应，可以降低整体推广的成本并提高网店的关联营销效果。

扫一扫

6.3.1　直通车推广原理

直通车推广能给网店带来巨大的流量，直通车的扣费原理如下。

（1）当买家搜索卖家设置的关键词时，卖家的商品就会出现在直通车的展示位上，只有当买家点击商品时卖家才付费，买家不点击商品则卖家不付费。

（2）卖家为关键词设置的价格，是卖家愿意为该关键词带来一个点击量付出的最高价格，当商品被点击时，扣费将小于或者等于卖家的出价。

（3）直通车没有任何服务费，第一次开户需要预存一定金额，2023年6月最低需要充值200元，全部是广告费，当卖家开始做广告后，买家点击产生的费用就从这里面扣除。

（4）直通车扣费公式是"实际扣费=下一名出价×下一名质量得分÷卖家的质量得分+0.01元"。卖家的质量得分（1～10分），实际上是经过比较并四舍五入后的结果。

（5）卖家关键词的排名有高低之分。同一个关键词，出价高的排在上面，依此类推，类似于百度的竞价推广，因此，新手需要学习关键词设置技巧以及成本控制方法。

6.3.2 直通车的优势

直通车可以把潜在的买家带到网店中，给网店带来流量。直通车具体有以下优势。

（1）节省成本。直通车可提供免费展示机会，买家点击后卖家才付费，卖家可以自由设置日消费限额、投放时间、投放地域，以有效控制推广成本。卖家可以精准地设置投放地域，有效控制成本，如图6-15所示。

▲ 图6-15 精准设置投放地域

（2）精准推荐。被直通车推广的商品，被放在较佳位置上展示，只要有买家主动搜索就能被看到。

（3）能给整个网店带来人气，虽然直通车推广的是单个商品，但很多买家都会进入店铺查看。一个点击带来的可能是几个商品的成交，这是直通车推广的优势。

（4）卖家可以参加更多的淘宝促销活动，有机会参加不定期的直通车专享促销活动。

（5）卖家可以免费参加直通车培训，并且有优秀的直通车人员指点优化推广方案，能迅速掌握直通车推广技巧。

（6）直通车通过设置投放位置可以为卖家提供多个渠道引流，如手机淘宝搜索、淘宝网搜索、站外优质媒体，如图6-16所示。

▲ 图6-16 多渠道引流

6.3.3　开通淘宝直通车推广

直通车能给淘宝网店带来人气，一个点击可能会带来几次成交，那么，怎样开通直通车呢？加入直通车推广的具体操作步骤如下。

登录千牛工作台，执行"推广"—"推广服务"—"直通车"命令，如图6-17所示。进入"投放设置"页面，设置计划名称、选择特惠包、进行宝贝优选、选择支付方式，单击"完成创建"按钮，如图6-18所示。付款成功即可开通淘宝直通车。

▲ 图6-17　执行命令　　　　▲ 图6-18　"投放设置"页面

6.4　直播营销

直播平台以其低门槛的优势迅速普及，卖家可以利用直播平台进行商品宣传。下面以淘宝直播平台为例介绍直播营销。淘宝直播给卖家带来了新的销售渠道，并且推动了直播带货这种全新的卖货方式的普及，很多卖家纷纷开始开启淘宝直播。

课堂讨论

（1）如何开通淘宝直播营销？
（2）淘宝直播的优势有哪些？

6.4.1　淘宝直播的优势

随着商家、主播、用户全方位地接触淘宝直播，直播电商内外部的发展条件逐渐成熟，淘宝直播将推动直播电商经济持续增长。开通淘宝直播之后，大多数店铺的流量和转化率都有明显的增加和提高。

淘宝直播具有以下优势。

（1）电商产业链完善，规模巨大。淘宝直播直接或间接地服务了超过300万个商家，诞生了近3000个交易额近1亿元的直播间，市场上90%的新品牌都已在淘宝直播开播。

（2）对商家给予扶持。淘宝直播在选品、流量、内容、运营等多方面推出多项政策，助力主播实现成长。有实力的新手主播会很快被看到，并且能够得到平台的支持，在短时间内迅速成长。

（3）2022年，淘宝直播公布新一轮产业带扶持计划，拿出百亿流量支持产业带，拟在全国重点产业带培育10万个直播账号、20万个新主播、1000个百万直播间。针对新主播、老主播，新领航计划给出了不同的方案，帮助新、老主播加快成长速度。

（4）更受用户信任。淘宝直播具有电商属性，而且淘宝运营时间较久，已经在用户和商家之间有了很高的知名度和信任度。与其他直播电商平台相比，用户更愿意相信有一定规模的淘宝直播。基于主播的个人魅力和平台的实力，用户做出购买决策的时间将大大缩短，甚至购买频次也会增加。

（5）货源充足。淘宝直播能为机构和主播提供更具品质与性价比的商品，同时能降低用户的购买决策成本。主播不需要自己寻找货源，这给很多缺少资金的小主播带来了机会。

6.4.2 开通淘宝直播

淘宝商家可以下载淘宝主播App，登录账号并入驻淘宝主播，具体操作方法如下。

（1）下载并登录淘宝主播App，进入首页，点击"立即入驻，即可开启直播"按钮，如图6-19所示。

（2）在打开的页面中点击"去认证"按钮，如图6-20所示。

（3）打开"实人认证服务"页面，勾选"我已同意 实人认证服务通用规则"，点击"开始认证"按钮，如图6-21所示。

▲图6-19 点击"立即入驻，即可开启直播"按钮 ▲图6-20 点击"去认证"按钮 ▲图6-21 点击"开始认证"按钮

（4）通过人脸识别进行实人认证，勾选"同意以下协议"，点击"完成"按钮，如图6-22所示。

（5）主播入驻成功的页面如图6-23所示。入驻成功后即可进行淘宝直播。

▲ 图6-22　点击"完成"按钮

▲ 图6-23　主播入驻成功

素养课堂：直播带货高退货率的原因

小陈是一位服装商家，多年从事服装生意的她深刻感受到直播带货退货率的逐年走高。她表示，这几年直播带货退货率上涨的趋势越来越明显，且上涨幅度越来越大。商家作为消费者退货的直接责任人，正在经受高退货率的困扰。

中国直播带货行业的相关研究报告指出，直播带货平均退货率为30%～50%，远远高于传统电商退货率。那么，是什么导致了直播带货如此高的退货率呢？冲动购物、商家的虚假和夸大宣传、尺码不对、商品质量问题、发错货、价差问题，以及行业成熟度、规范度低等都可能是退货的原因。

此外，直播带货行业造假更是推高退货率的另一大原因。一方面很多机构为了给旗下主播做好看的数据，刷单的现象比比皆是；另一方面是虚假售卖，如珠宝类产品是平台高退货率的一个典型代表，一些珠宝产品直播间的退货率高达90%，在该行业甚至有供应链专门批量制造假的鉴定证书，每张单价低于一元。

直播带货行业的规范度仍处在不断完善中，而虚假宣传、造假等不合规现象也是行业成长时期所不可避免的。

在直播带货行业中，用户大多出于信任主播购买直播商品，而想要赢得用户长期的信任，主播必须对自己所宣传的商品负责。用户下单后，主播和商家不仅要保证及时发货、配送，还要保证商品质量。购买直播商品的用户大都是主播的粉丝，一旦商品出现质量问题，会使主播口碑下降，粉丝就会很容易流失，从而会导致销量下滑。

近年来，监管力度不断加大，法律法规不断完善，既压实平台责任，也规范主播行为。如《市场监管总局关于加强网络直播营销活动监管的指导意见》对网络直播营销活动中网络平台、商品经营者、网络直播者三大主体的责任进行梳理划分，要求依法查处网络直播营销违法行为。《网络主播行为规范》明确指出，网络主播不得存在"虚构或者篡改交易、关注度、浏览量、点赞量等数据流量造假"行为，不得"夸张宣传误导消费者，通过虚假承诺诱骗消费者"等。

直播带货不是法外之地，主播和商家只要销售商品（服务）就必须保证所销售商品（服务）的质量，并遵守《中华人民共和国电子商务法》《中华人民共和国消费者权益保护法》《中华人民共和国广告法》等法律法规。主播应该珍惜粉丝的信任，努力为粉丝带来质优价廉的商品，而不是滥用粉丝的信任，甚至欺骗粉丝。

6.4.3 淘宝直播付费引流

淘宝直播频道的流量分配机制是"私域维护好，公域奖励多"，如果直播团队能够把自己的私域流量维护好，那么，淘宝直播频道会给予直播间更多的免费公域流量奖励；直播间的私域流量越多，淘宝直播频道奖励给直播间的公域流量也会越多。

因此，直播团队在淘宝直播进行引流推广，关键是要坚持开播，维护自己的私域流量。在此基础上，再使用超级直播，将直播推广至淘宝直播的直播广场、淘宝的猜你喜欢等优质资源位，从而取得良好的直播引流效果。

提示与技巧

超级直播推广基于阿里巴巴大数据推荐算法，能快速解决直播过程的一键营销问题，主播可以没有自己的店铺、不用通过商品操作后台，只要明确营销诉求，超级直播就能快速投放多个资源。基于阿里巴巴大数据推荐算法，超级直播推广赋能全方位定向体系，从商品、店铺、类目、内容、粉丝等多个维度，帮助卖家精准找到潜在买家。

下面讲解在移动端创建超级直播的步骤。在淘宝主播App中开启直播后，在全部工具中点击"超级直播"，如图6-24所示。进入"订单管理"页面，点击"去创建首笔订单"按钮，如图6-25所示。

在打开的页面中设置推广计划，如图6-26所示。可以设置的参数包括投放模式、预计给直播间带来观看人数、订单类型、下单金额、投放时间、投放时段、将推荐给哪些买家等。完成这些设置，并支付一定的金额后，即可开始付费推广。

▲ 图6-24 点击"超级直播"

▲ 图6-25 点击"去创建首笔订单"按钮

▲ 图6-26 设置推广计划

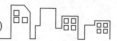

6.5 短视频营销

下面介绍几个常见的短视频营销平台：抖音、快手、小红书。

6.5.1 抖音营销推广

抖音是一款可拍摄短视频的音乐创意短视频社交软件，是一个专为年轻人打造的音乐短视频社区平台。在这个平台上，用户通过选择音乐、拍摄短视频来完成自己的作品。抖音还集成了镜头、特效、剪辑等功能，以尽量减少对短视频进行后期处理而导致的流量转移。图6-27所示为抖音营销。

抖音于2016年9月上线，之后不断提升用户体验，增加新的功能，抓住时下热点，让用户始终保持新鲜感。同时也诞生了一批抖音达人，这些达人不仅给抖音提供了各类丰富多彩的内容，也通过抖音改变了自己的生活。抖音采用去中心化的分发逻辑，首先从小流量池开始给所有用户推荐短视频，接着选取流量较大的短视频，为其分配更大的流量池，最后把平台最优质的内容推荐到首页。这种基于内容质量的分发逻辑很容易产生头部效应，因为名人拥有大量的粉丝，他们创作的短视频质量也比较好，所以最容易也最早被用户看到。

6.5.2 快手营销推广

快手最初是一款处理图片和视频的软件，后来转型为短视频社区。快手强调人人平等，是一个面向所有普通用户的平台。快手营销如图6-28所示。

▲ 图6-27 抖音营销

▲ 图6-28 快手营销

快手算法以去中心化的方式为主，快手算法既保证了优质商品的不断曝光，又沉淀出了一个具有很强社交关系的网络，构成了一个个相对独立的小社群。

快手提出"三个大搞"，即大搞信任电商、大搞服务商、大搞品牌，引导品牌适应快手以信任为基础的电商生态。快手独特的信任电商生态及持续扩容的平台流量为电商业务的高质量拓展提供了基础支撑，对用户体验的不断提升进一步助力平台用户购物决策转化及黏性的增加。

与抖音相比，快手是基于信任关系建立的短视频社交平台，而信任关系是商品交易的基础。快手就像一个"老铁"文化社区，人与人之间的沟通顺畅，社会关系紧密。快手的"老铁经济"创造了一个又一个带货神话，那些喜欢看评论、与主播互动的快手用户给快手电商带来了较多的转化。

6.5.3　小红书营销推广

作为一个社区分享式的线上购物平台，小红书凭借其真实、多元化的社区氛围，在如今层出不穷的电商平台中突出重围，并以其独树一帜的"社区种草—社区购物—社区反馈"的线上交易闭环吸引了大量用户和商家入驻。

为了鼓励更多的用户在平台上分享自己的生活方式，小红书做出了巨大的努力，平台作为中间人，搭建起一座品牌和用户合作的桥梁，让平台上的用户在分享自己生活方式的同时获得一定的收益。

小红书平台的互动性很强，用户可以通过发布视频与图片、关注发布者等方式与他人进行交流。图6-29所示为小红书笔记，各用户之间的黏性很强，关联度很高。好友推荐或平台"种草"可以增强用户对商品的信任度，易于成交商品。小红书商城正是通过社交方式引导用户到商城，实现社交电商的。

▲ 图6-29　小红书笔记

小红书平台的算法机制包括两个方面：推荐机制和权重机制。和其他短视频营销平台有所不同的是，小红书在对内容进行推荐之前多了一个环节——收录，只有被小红书平台成功收录的笔记才有可能获得推荐，反之则是无法进入推荐环节的。

案例分析

案例1——发布淘宝直播预告

　　淘宝主播在做直播前，一般会发布直播预告，不仅是为了告诉用户直播的时间，还会预告一些直播内容，好让感兴趣的用户安排时间来观看，同时便于系统进行推广及扶优操作。使用淘宝主播App发布直播预告的具体操作步骤如下。

　　（1）打开淘宝主播App并登录淘宝账号，点击底部的"淘宝直播"按钮，如图6-30所示。

　　（2）进入"开直播"页面，点击"发预告"，如图6-31所示。

▲ 图6-30　点击"淘宝直播"按钮　　　　▲ 图6-31　点击"发预告"

　　（3）在打开的页面中添加封面、添加预告视频，设置直播标题、直播时间、内容介绍等信息，如图6-32所示。

　　（4）选择"频道栏目"选项，在打开的页面中选择售卖商品所属的频道栏目，如图6-33所示。

　　（5）选择"添加宝贝"选项，如图6-34所示。

　　（6）在打开的页面中选择直播中要售卖的商品，如图6-35所示。点击"确认"按钮。

　　（7）添加成功后，点击"发布预告"按钮，如图6-36所示。

▲ 图6-32 设置直播信息

▲ 图6-33 选择频道栏目

▲ 图6-34 选择"添加宝贝"选项

▲ 图6-35 选择商品

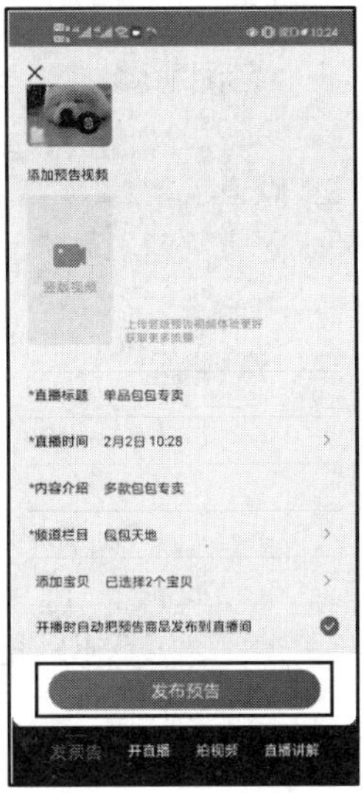

▲ 图6-36 点击"发布预告"按钮

案例2——挑选合适的商品进行直通车推广

卖家在使用直通车做推广时首先要选好商品，这是推广的第一步。因为使用直通车推广的目的就是让商品有更多的曝光机会，获得买家认可并顺利地将商品卖出去，从而有更高的成交量。

卖家在选择做直通车推广的商品时，最好选店铺中综合销量较高的，具体可以结合以下几个要点综合考虑。

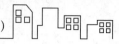

（1）选出来做推广的商品，一定要有突出、清晰的卖点，能让买家在短时间内注意到该商品。商品的卖点可以是性价比高（如价格有优势、正在进行促销等）、功能强（如商品本身功效好等）、品质好（如做工精细等）。

（2）如果买家搜索、浏览商品的速度非常快，那么其看广告的时间就更短了。如果商品图片不清晰、广告标题不简练，则很可能导致买家在匆匆浏览之后，就不愿意关注该商品了，卖家既可能错过一个大买家，也可能招来大量的无效点击，从而浪费钱。

（3）选择累计销售量多的商品，用这种商品做直通车推广可以达到最佳效果。有些卖家选择一件销量也没有的商品做直通车推广，显然会影响推广效果。买家大都有从众心理，商品的销量高，买家购买该商品时自然会放心。

（4）个性化、特色商品做直通车推广效果更佳。个性化、特色商品是指具有独特功能或特点的商品。有些卖家推荐的商品，虽然质量好、价格低，但是没有任何特色，自然卖出去的可能性较小。就算取得了一定的销量，相对于做直通车推广产生的费用来说，也很难有利润。

思考与练习

一、名词解释
1. 平台活动
2. 频道活动
3. 网店营销工具
4. 单品宝

二、选择题
1. （　　）是指面向某个行业商品不定期举行的活动。
   A. 行业活动　　　　B. 频道活动　　　　C. 节庆活动
2. （　　）为店铺优惠工具。
   A. 单品包　　　　B. 店铺宝　　　　C. 搭配宝
3. （　　）基于阿里巴巴大数据推荐算法，能快速解决直播过程的一键营销问题。
   A. 淘宝推广　　　　B. 直播推广　　　　C. 超级直播推广
4. （　　）不仅是为了告诉用户直播的时间，还会预告一些直播内容，好让感兴趣的用户安排时间来观看。
   A. 直播预告　　　　B. 直播标题　　　　C. 直播封面

三、思考题
1. 平台活动营销的主要作用是什么？
2. 平台活动类型有哪些？
3. 直通车推广原理是怎样的？
4. 直通车的优势有哪些？
5. 怎样开通淘宝直播？

任务实训

下面通过上机操作介绍如何在淘宝直播间添加直播商品，具体操作步骤如下。

（1）打开PC端淘宝直播中控台，单击"创建直播"按钮，如图6-37所示。

▲ 图6-37 单击"创建直播"按钮

（2）在打开的"创建直播"页面中，单击"添加宝贝"，如图6-38所示。

▲ 图6-38 单击"添加宝贝"

（3）在打开的页面中选择要添加的商品，单击"下一步"按钮，如图6-39所示。

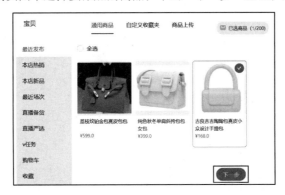

▲ 图6-39 选择商品

（4）在打开的页面中编辑商品利益点，如图6-40所示。

▲ 图6-40　编辑商品利益点

（5）单击"确定"按钮，返回"创建直播"页面，在直播商品下勾选"开播自动把待直播商品同步至直播间"（见图6-41），即可在直播间添加商品。

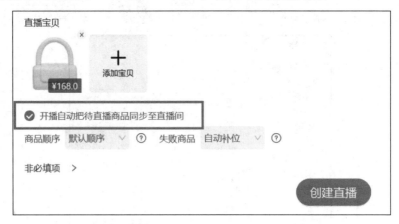

▲ 图6-41　勾选"开播自动把待直播商品同步至直播间"

第7章 网店客服与客户关系管理

本章引入

　　网上开店的卖家都知道货源和图片所起的重要作用，货源直接影响到商品的价格，而图片影响到商品交易成功率。但卖家在注意到这两个因素的同时，也需要注意网店客服与客户关系管理，这是网店能长久发展的本源。

学习目标

知识目标	☑ 熟悉网店客服 ☑ 熟悉客户关系管理 ☑ 熟悉智能客服
技能目标	☑ 掌握客户服务过程 ☑ 掌握客户运营平台的应用 ☑ 掌握阿里店小蜜的基本功能
素养目标	☑ 弘扬爱岗敬业的职业精神 ☑ 培养真诚服务的意识

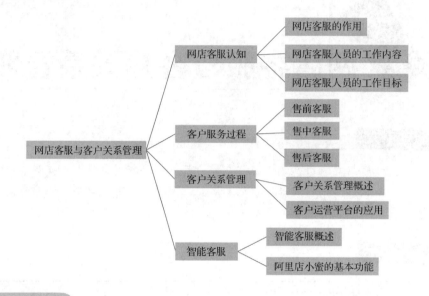

导引案例

不重视客服导致客户流失率太高

如今网上开店正在成为一种潮流。但是，开网店的过程很艰辛，且日趋激烈的竞争，也让很多人尝到了开店失败的苦果。

王晓丽第一次开化妆品网店是在2020年。她销售普通日化用品，品牌较多，商品门类较丰富。

一开始，只要有买家咨询，王晓丽都会很热情、耐心地解答。两个月后，咨询的买家增多，而且问题集中在商品的真假上。无数次回答同样的问题后，王晓丽显得有些不耐烦了，她最烦的就是有人问"东西是不是正品"。王晓丽把针对商品真假的回答以文本的形式保存下来，再有买家问类似问题，就直接粘贴给对方，也不回答买家具体的问题。慢慢，网店客户开始流失了。

另外，对于一些化妆品供货商提供的优惠活动，王晓丽嫌麻烦，没耐心做，就拒绝了，导致后期对方不再供货。开店短短半年时间，王晓丽的化妆品店就关门歇业了。

网上开店已进入激烈竞争的阶段，每天都有新竞争者加入，没有耐心注定会被淘汰。网上销售同类商品的店铺非常多，买家可以选择的范围也非常大，在商品相似、质量相同的情况下，卖家就只能靠服务取胜。客服人员是网店中处于前线的人员，不做好客户服务工作会影响客户的满意度。让一个未经岗前培训的人上岗，就如同让一个新入伍的士兵上战场，几乎没有成功的可能。因此，学习和了解网店客服与客户关系管理知识是必要的，客服人员只有掌握了必备的网店客服知识、岗位操作技能并具备基本素质，才能更好地为客户服务。

思考与讨论

（1）为什么必须做好网店的客服工作？

（2）怎样做好网店的客户服务？

7.1 网店客服认知

扫一扫

网店客服作为网店经营必不可少的一部分，卖家越来越意识到其服务质量对提高店铺转化率的重要性。

7.1.1 网店客服的作用

随着网络购物的兴起、网店经营的日益火爆，一个全新的职业——网店客服悄然兴起。对于网店来说，网店客服有着重要的作用和意义。

1. 提升买家的购物体验

很多卖家认为，网店客服工作很简单，会打字、态度好就可以上岗。其实不然，网店客服作为一个能直接影响买家购物体验的岗位，对店铺的整体运营具有很重要的意义。一个优秀的网店客服人员的情商要高，通过买家发的文字就可以觉察买家的情绪，对买家或进行安抚，或进行赞美，恰到好处地让买家觉得舒适。

2. 提高买家的忠诚度

由于现在网络平台的商品种类繁杂，买家的搜索成本越来越高，所以，当买家选择一家店铺以后，只要对商品满意、认为服务贴心，就不会轻易到其他店铺购买。因为到其他店铺购买会增加购物风险以及时间成本。所以，网店客服人员良好的服务能有效地提高买家对店铺的忠诚度。

3. 提高店铺的销量

买家成交一般有两种方式：一种是阅读商品详情页，对商品有了一定的认识后，在没有咨询网店客服人员的情况下，直接下单，即静默转化；另一种是咨询网店客服人员后再下单，即询单转化。调查发现，一般来说，咨询过网店客服人员的买家，其销量往往比直接下单的买家要高。

> **提示与技巧**
>
> **很多买家在实际购买商品之前，会针对自己不太清楚的内容咨询网店客服人员，或者咨询相关优惠。有时候，买家对商品不一定有疑问，只是想确认一下商品是否和描述相符。这时买家与网店客服人员进行沟通，就能打消买家的很多顾虑，促成交易。**

4. 增加回头客

当买家在店铺享受了良好的客户服务、完成一次交易后，买家不仅了解了网店客服人员的服务态度，而且对店铺的商品和物流等情况有了切身的体会。当买家下次还需要购买同样或类似的商品时，买家也会倾向于选择熟悉的店铺。

5. 改善店铺服务数据

目前，网店平台对店铺的服务质量有一系列的评分，店铺评分低于标准会影响其商品

在搜索结果中的排名，以及店铺参加平台活动的资质。卖家应尽量保证自己店铺的服务类评分达到或者超过同行业店铺评分的均值。网店客服人员在售前和售后都可能与买家有接触，因此其服务质量会有效改善店铺服务数据。

6. 降低店铺经营风险

卖家在开店的过程中难免会遇到退换货、退款、投诉、差评、平台处罚等经营风险。如果网店客服人员对商品熟悉，能够做到精准推荐，就能有效地控制买家退换货和退款的发生，能有效地避免产生交易纠纷，并且不触犯平台规则，也就不会使店铺遭受平台处罚。

7.1.2 网店客服人员的工作内容

网店客服人员对店铺中其他岗位的工作有着间接的影响。作为一名网店客服人员，每天应该做哪些工作来提高店铺的成交额呢？网店客服人员的主要工作内容包括以下几个方面。

（1）接待买家。每天通过千牛等聊天工具与买家进行线上沟通，帮助买家处理遇到的问题。

（2）销售商品。根据掌握的商品知识，结合买家的自身需求，运用适当的销售技巧，把商品成功地销售给买家。

（3）解决问题。从专业的角度，为买家解决商品问题、支付问题、物流问题以及在交易过程中遇到的其他问题。

（4）进行相关操作。这方面的工作内容包括交易管理、接单管理和售后管理等。图7-1所示为千牛工作台的客服数据，客服人员在这里可以看到相关数据和进行相关操作。

▲ 图7-1 千牛工作台的客服数据

（5）收集买家信息。对买家的一些特征信息进行收集整理，为店铺买家的维护和营销活动的开展提供可靠的信息依据。

（6）收集与反馈问题。对买家提出的有关商品及服务等方面的意见和建议进行收集整理，并反馈给相关人员。

（7）定期或不定期进行买家回访，以检查客户关系的维护情况，建立客户档案、质量跟踪记录等售后服务信息管理系统，维护好客户关系。

7.1.3 网店客服人员的工作目标

学习了网店客服人员的工作内容后，下面来看看网店客服人员需要达到的工作目标。

1. 提出解决方案

下面列举了网店客服人员在售后工作中提出的常见解决方案。

（1）免费重发。免费重发是指买家不将第一件有问题的商品退还给卖家，卖家为了解决买家的问题，免费为其重发一件没有问题的商品。

采取这种解决方案时，卖家所支付的实际成本由重发商品的进货成本和重发商品的运输成本两部分构成。一般来说，这两项成本的总和占原始订单金额的65%～80%。这个数值也就是采取免费重发方式时卖家所需承担的损失。

（2）部分退款或其他补偿。当买家提出的商品问题并不严重且并非无法解决时，卖家可以与买家商议，通过部分退款或其他补偿方式对买家进行补偿。

（3）主动提供优惠券。当某些买家提出的问题并不影响其正常使用商品时，卖家可以通过向买家发放一定金额的优惠券来弥补其损失。对于买家而言，获得优惠券（特别是无门槛优惠券）与退款无异。而对于卖家而言，发放这种优惠券的损失比全额退款或免费重发小得多；且优惠券可以促使买家再次购物，进而获得新的销售额与利润。

（4）在技术层面答疑解惑。在所有解决买家提出的问题的方法中，卖家喜欢的方法毫无疑问是零成本的方法。所谓零成本的方法，是指网店客服人员通过答疑解惑，解决买家关于商品、服务、运输等的问题，让买家理解整个服务的过程，并最终消除买家的疑惑。

2. 促进二次销售

优质的商品服务不仅是一个品牌的诚信保证，还可以带来二次销售机会。二次销售手段通常是指针对网店老客户使用的一些营销手段，也指为了留住老客户需要采用的方式。网店要想促成二次销售，必须保证客户对商品满意。每个网店二次销售的方式有所不同。下面为促进二次销售的技巧与方法，希望网店客服人员能将其灵活运用到实际工作中。

（1）解决买家的疑虑。从网店的成交订单中可以发现一个规律，那就是在网店中多次下单的老客户往往是在最初几次交易中常提出一些问题的客户。当网店客服人员帮助客户解决问题后，他们对网店的信任度会显著提高，这种信任关系会促使客户回购网店商品。

（2）设置提示。设置提示主要是针对商品详情页进行设置，比如关于收藏店铺、收藏商品的提示。设置提示的快捷方式有很多种，常用的有网店二维码、快速收藏等，这些都可以帮助网店获得更多的浏览量，也为二次销售奠定了基础。

（3）定位营销。开展定位营销前，网店客服人员需要对已成交买家的购买情况进行统计，对那些购买商品较多的买家予以重点关注，并在网店推出新款商品或者有优惠活动

时，及时发信息通知这些买家。

提示与技巧

　　对于那些曾经购买过网店商品，但是回购次数不多的买家，客服人员可以通过千牛、手机短信等途径向他们推送网店的优惠信息。

3. 提高店铺转化率

　　对网店来说，日常工作中是不能没有网店客服人员的，网店客服人员服务的质量会直接影响店铺转化率。因为在网上购物和在实体店购物有比较大的区别，在实体店购物时会有导购主动介绍，而在网上购物遇到问题时买家需要主动向网店客服人员求助。所以，网店客服人员的服务质量对买家的购买决策起着决定性的作用，如果网店客服人员的服务比较好，买家是非常愿意下单购买的。

　　网店客服人员怎样做才能提高店铺转化率？

　　（1）响应率要高。及时回复是对网店客服人员的基本要求。现在大多数买家都是利用碎片化时间逛网店的，不愿意花太多时间等待，如果网店客服人员不能快速回复买家，很可能就会丢失该买家。

　　（2）沟通要热情、有耐心。网店客服人员的工作之一就是为买家解决一些疑惑。网店客服人员应尽量热情主动一些，给买家留下一个好的印象，这样才能更好地促进成交，提高店铺转化率。即使遇到一些不讲理的买家，网店客服人员也要用好的心态去服务，不要与买家争辩。

　　（3）沟通中不要出现错别字。虽然在与买家沟通时，有一两个错别字没有多大的影响，但沟通过程中不出现错别字能体现客服人员乃至店铺的专业程度及诚意。

　　（4）做好关联销售。买家咨询商品的时候，如果买家咨询的商品主图中有店铺里的T恤和牛仔裤，即使买家咨询的是T恤，网店客服人员也可以适当向买家推销牛仔裤。

　　（5）用真诚的态度处理差评问题。店铺难免会有被打差评的时候，这时网店客服人员应该第一时间去安抚买家，询问买家打差评的原因。

7.2　客户服务过程

扫一扫

　　一般来说，小规模的网店中常常一人身兼数职，对网店客服这一岗位的工作没有进行细分。但对大中型网店而言，其订单多、工作量大，如果客服工作没有进行流程化、系统化的安排，则很容易出错。因此，大中型网店对网店客服进行了明确的分工，一般会将网店客服分为售前客服、售中客服和售后客服，让网店客服人员各司其职、有条不紊地开展工作。

课堂讨论

　　（1）如何做好网店客服？
　　（2）网店售前客服、售中客服和售后客服各有哪些职责？

7.2.1　售前客服

售前客服人员主要从事引导性的工作，如回答买家对商品的咨询，从买家进店咨询到拍下商品付款的整个环节都属于售前客服人员的工作范畴。售前客服人员的工作内容主要包括售前准备、接待买家、推荐商品、解决疑问、引导下单、欢送买家等。

（1）售前准备。售前准备阶段主要包括熟悉商品的相关信息和网店活动、熟练掌握沟通工具的使用方法、了解平台规则和相关注意事项3个方面的内容。

（2）接待买家。接待买家贯穿售前客服人员的整个工作过程，售前客服人员应该做好随时接待买家的准备，并在接待买家的过程中时刻提供热情、耐心、周到的服务。售前客服人员要反应及时，切勿用冰冷的语言回答买家的问题，应多使用语气词来调节气氛。

（3）推荐商品。当买家咨询相关商品时，售前客服人员要从买家的提问中主动挖掘买家的需求，专业、耐心地解答买家提出的问题，同时主动向买家推荐合适的商品，以商品的卖点激发买家的购物欲望。

（4）解决疑问。当买家遇到疑难问题时，售前客服人员要借助自己的专业知识进行处理，并始终保持热情、耐心的态度。

（5）引导下单。当买家犹豫不决时，售前客服人员要采用促销等手段来引导买家快速下单。

（6）欢送买家。买家购物完成后，售前客服人员要向其表示感谢，体现出热情的态度。

7.2.2　售中客服

售中客服人员的工作集中在买家付款到订单签收的整个时间段。售中客服人员一定要做好与售前客服人员的工作交接，防止订单错乱的情况发生。售中客服人员的工作内容包括订单确认及核实、装配商品并打包、发货并跟踪物流、提醒买家及时收货等。

（1）订单确认及核实。买家下单后，售中客服人员要第一时间与买家确认订单信息，保证买家填写的信息正确，降低订单出错的概率。若发货后买家才发现收货地址有误，售中客服人员应第一时间与快递公司联系并修改收货地址，以确保商品被及时送到买家手中。

（2）装配商品并打包。核对订单无误后，售中客服人员应尽快装配商品并打包，做好商品的发货准备工作。打包时要仔细检查商品与包装，同时要细心核对买家信息，还要特别关注买家备注的信息，一定不要遗漏。

（3）发货并跟踪物流。售中客服人员做好商品装配与打包后应及时发货，并需要在发货后实时关注商品的物流状态。

（4）提醒买家及时收货。当商品运输到买家所在的城市后，售中客服人员可以以短信或千牛消息的形式通知买家商品已经到达其所在城市，将马上进行配送。当快递公司完成配送后，售中客服人员还要提醒买家及时确认收货，完成交易。

7.2.3　售后客服

售后服务质量是衡量网店服务质量的一个很重要的指标。好的售后客服人员不仅可以提升网店的形象，还能留住更多老客户。售后客服工作内容主要包括退换货、投诉处理，

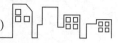

买家反馈处理和买家回访等。

（1）退换货、投诉处理。当买家提出退换货请求时，售后客服人员首先要了解买家退换货的原因。若是商品质量方面的原因，要及时同意买家的请求并详细告知买家退换货的流程和注意事项，保证买家利益不受损。当接到买家的投诉时，售后客服人员切勿与之发生争吵，应先了解买家不满的原因，初步给予买家一个有关处理方案的答复或承诺，给买家吃颗定心丸，然后查询投诉处理标准，制定处理方案，并及时向买家反馈处理意见。

（2）买家反馈处理。当买家收到商品后，在使用商品的过程中可能会出现某些问题，此时买家一般会找到售后客服人员进行反馈，或直接在评论中进行反馈。若买家直接找到售后客服人员进行反馈，售后客服人员一定要认真对待，先安抚买家的情绪，再根据实际情况进行处理，优先考虑买家的利益。

（3）买家回访。售后客服人员的工作还有一个重要的内容就是回访买家。回访买家可以增强买家黏性，加深买家对网店的印象。常用的回访方式有发短信、发邮件、发千牛消息等。同时，售后客服人员要注意回访的内容，可以简单告知买家网店的最新活动，也可以邀请买家参加网店的商品质量调查等。

素养课堂：客服人员与买家沟通的禁忌

客服人员在与买家谈话中，说话要有技巧，沟通要有艺术，良好的沟通可以使买家再次光临。不知道所忌，就会造成失败；不知道所宜，就会造成停滞。所以客服人员在与买家的谈话中，要懂得以下"七忌"，这样生意才会越来越好，回头客也会越来越多。

忌争辩

客服人员在与买家沟通时，主要目的是销售商品，不是来参加辩论会的，要知道与买家争辩解决不了任何问题，只会招致买家的反感。

客服人员首先要理解买家对商品有不同的认识和见解，允许买家讲话，发表不同的意见；千万不要与买家发生激烈的争论。

忌质问

客服人员与买家沟通时，要理解并尊重买家的所需与观点，要知道人各有所需，他买商品，说明他需要此商品和认可此商品；他不买商品，说明他有原因，切不可采取质问的方式与买家谈话。

用质问或者审讯的口气与买家谈话，是客服人员不懂礼貌的表现，是不尊重人的表现，会非常伤害买家的感情和自尊心。

忌命令

客服人员在与买家交流时，态度要和蔼一点，语气要柔和一点，要采取征询、协商的口气与买家交流，切不可采取命令和批示的口吻与人交谈。

忌炫耀

与买家谈到自己的商品及店铺时，要实事求是地介绍自己的商品和店铺，稍加赞美即可，万万不可忘乎所以、得意忘形地炫耀商品美观、实用、价廉以及质量好等。

忌直白

在与买家沟通时，如果发现他在认识上有不妥的地方，也不要直截了当地指出。一定要看交谈的对象，做到言之有物，因人施语，要把握谈话的技巧、沟通的艺术，要委婉告知。

忌批评

与买家交谈要多用感谢词、赞美语；要多言赞美，少说批评，要掌握赞美的尺度和批评的分寸，要巧妙批评，旁敲侧击。

忌冷淡

与买家沟通时，态度一定要热情，语言一定要真诚，言谈举止都要流露出真情实感，要热情奔放、情真意切。在与买家沟通的过程中，冷淡必然带来冷场，冷场必定使生意泡汤，要忌冷淡。

不是所有的买家对网店的商品都是了解和熟悉的。当有的买家因对网店的商品不了解而进行咨询的时候，客服人员就要结合网店商品的专业知识进行解答，这样才可以更好地为买家服务，帮助买家找到适合他们的商品。不能一问三不知，这样会让买家感觉不到信任，也就不会在该网店里买东西。

7.3 客户关系管理

扫一扫

网店有了源源不断的客户，才会有好的业绩，网店才会发展得越来越好。网店要想拥有更多的客户，就必须重视客户关系管理。

7.3.1 客户关系管理概述

客户关系管理（Customer Relationship Management，CRM）是指为提高客户满意度、客户忠诚度，利用相应的信息技术协调商家与客户在销售、营销和服务上的交互，帮助商家调整其管理方式，向客户提供个性化的交互和服务的过程。其最终目标是吸引新客户、保留老客户以及将已有客户转为忠实客户，增加市场份额，从而提高店铺竞争力。

客户关系管理的核心是客户价值管理，通过"一对一"的营销原则，满足客户不同价值的个性化需求，提高客户的忠诚度和保有率，实现客户价值持续增长，从而全面提升店铺的盈利能力。

客户关系管理不仅仅是一个软件或者一种制度，它是方法论、软件和计算机技术的综合，是一种商业策略。

网店在客户关系管理的过程中需要解决的问题是：客户购买一次之后再也不光顾了，应该怎么做；节假日期间，应当针对老客户做些什么；如何从老客户以往的消费习惯中判断他们喜欢什么；如何挖掘客户会关联购买的东西是什么。

对于网店的客户，卖家需要了解他们的性别、年龄、收入状况、性格、爱好、购物时间、购买记录等，并进行统一的数据管理，然后才能对他们进行有针对性的关怀和营销。

图7-2所示为使用客户运营平台管理客户信息。

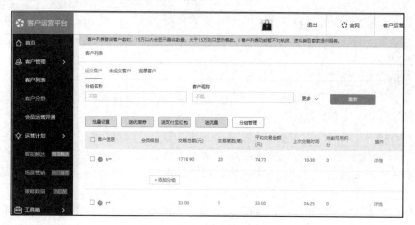

▲ 图7-2 使用客户运营平台管理客户信息

7.3.2 客户运营平台的应用

网店客户运营平台是用来搭建和维护客户关系的。网店卖家使用客户运营平台，可以更好地了解客户、管理客户及进行精细化运营。客户运营平台能直观地用表格、图片等形式把店铺的客户信息等展示在网店卖家面前，方便卖家进一步分析客户需求。图7-3所示为客户运营平台。

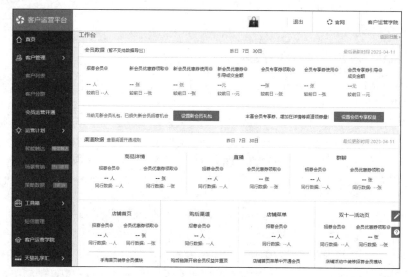

▲ 图7-3 客户运营平台

客户运营平台主要有以下功能。

1. 客户管理

通过客户运营平台中的客户列表，卖家可以对客户信息进行深度备注，便于日后对客户进行点对点精准管理，同时还可以对客户进行分组，以便对同类客户实现高效运营。完整、准确的客户信息是客户关系管理的基础。

打开客户运营平台，单击"客户列表"，页面会按交易时间顺序呈现网店客户名单及其订单信息，并按照"成交客户""未成交客户""询单客户"对客户进行分组，如图7-4所示。

▲ 图7-4　客户管理

2．千人千面展示

客户运营平台可以帮助卖家针对新、老客户的购物需求或所处地域展示个性化的店铺首页，进而提高成交率。

3．增加客户黏性

卖家应对在店铺中消费过的新客户进行维护，让新客户转变成老客户，再进行老客户维护，增加客户对店铺的信任度和黏性，从而提高店铺转化率。

4．会员制管理客户

会员是品牌高价值、高黏性的核心客户群体。平台可以帮助卖家根据客户的消费水平和消费频次，对客户进行划分，以便卖家深入管理客户信息和打造会员营销玩法。

5．客户分群

客户分群是指依据销售或运营指定的某些条件，将客户划分为不同的客户群体。网店可针对不同的客户群体具体执行不同的运营策略。网店运营需要面向精准的人群，人群越精准，成交率也就越大。网店运营平台的客户分群系统会自动将店铺的重点运营人群分为兴趣人群、新客户人群、复购人群几大类，如图7-5所示。各类人群的特征如下。

（1）兴趣人群。兴趣人群即近3~10天对商品有收藏或者加购行为，但是近期没有购买、加购或者收藏商品的客户。

（2）新客户人群。新客户人群即720天内仅在店铺内消费过一次，且此次消费在180天内的人群。

（3）复购人群。复购人群即买过店铺内复购率比较高的商品，且处于回购周期的客户群体。

▲ 图7-5　客户分群

7.4　智能客服

智能客服通过创新和使用客户知识，帮助企业优化客户关系。目前已经有网店使用了阿里店小蜜人工智能客服。从服务效率方面来看，相较于人工客服，阿里店小蜜人工智能客服的接待速度更快，客户体验会好很多。

课堂讨论

（1）什么是智能客服，其有哪些功能？

（2）什么是阿里店小蜜，其有哪些基本功能？

7.4.1　智能客服概述

智能客服是在大规模知识处理基础上发展起来的一项面向多数行业的应用，适用于大规模知识处理、自然语言理解、知识管理、自动问答系统、推理等行业。它不仅能为企业提供知识管理技术，同时还能够为企业提供精细化管理所需的统计分析信息。

网店中的智能客服工具，主要对网店客户的常见问题进行智能匹配回答，卖家可以自主设置对客户常见提问的回复。智能客服工具可以自动识别客户发送的商品链接，并智能分析客户语意，甚至可以识别商品颜色、客户的身高和体重等，并同时调取商品相关数据，一键回复客户；智能客服工具也可以给客户提供智能咨询与导购服务，还可以辅助人工接待，人机紧密协同提高客服接待效率。

7.4.2 阿里店小蜜的基本功能

扫一扫

阿里店小蜜是一个智能客服工具，淘宝、天猫的商家都可以申请使用该工具，让客服人员可以用更多的精力去处理个性化的问题。阿里店小蜜的智能辅助模式有智能预测、主动营销、智能催拍等功能，具有人性化、个性化的特点。图7-6所示为阿里店小蜜首页。

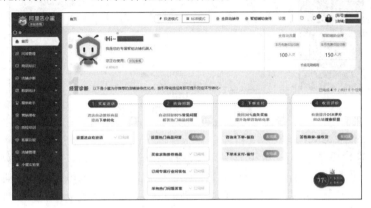

▲ 图7-6　阿里店小蜜首页

阿里店小蜜的功能主要有以下几个。

1. 跟单助手

跟单助手功能可协助卖家跟进交易的各个关键环节，跟单助手包括很多场景，如"催付"下单未支付、"催付"预售尾款未付、"催拍"咨询未下单等，如图7-7所示。

▲ 图7-7　跟单助手

2. 商品知识库

商品知识库相当于阿里店小蜜的商品"智能大脑"，里面储存着阿里店小蜜回复客户时使用的商品信息，因此商品知识库的创建和维护对阿里店小蜜的使用来说至关重要，商品知识库的首页如图7-8所示。

▲ 图7-8　商品知识库的首页

3. 店铺问答诊断

店铺问答诊断（见图7-9）功能会根据店铺客服人员的接待数据，帮助卖家快速补充和丰富商品知识库的答案，或针对已有答案给出优化建议。卖家可以通过店铺问答诊断快速了解店铺的高频咨询问题，不需要再逐一浏览客服人员的聊天记录以获取商品知识库的配置灵感。

提示与技巧

通过基本的诊断分析，卖家可以看出店铺有没有问题，从而找出问题、解决问题、提高店铺转化率。

▲ 图7-9　店铺问答诊断

4. 智能商品推荐

智能商品推荐功能可以设置全自动接待和智能辅助接待，如图7-10所示。当客户发来一个商品链接时，阿里店小蜜可以推荐其他搭配商品，建议客户一起购买，这样能够大大增加关联销售，提高全店销量。通过智能客服大数据，卖家可以实时分析客户行为，挖掘客户的潜在购买意愿，自动为客户智能推荐搭配商品。精准地进行客户分层，可为高购买意愿客户提供精准营销。

▲ 图7-10 智能商品推荐

5. 主动营销话术

主动营销话术是指阿里店小蜜会在合适的时机针对购买意愿较强的客户，采取智能卖点、历史评价、活动优惠或者猜你想问等主动营销话术（见图7-11），以增强客户的购买意愿或者挖掘客户的潜在问题，最终促成交易。该功能让阿里店小蜜拥有了主动营销的能力。

▲ 图7-11 主动营销话术

案例分析

案例1——设置客户分组

淘宝客户运营平台的会员管理工具提供了会员分组管理、客户分群等功能，具体操作步骤如下。

（1）登录千牛工作台，执行"用户"—"用户运营"—"人群管理"命令，在打开的页面中单击"返回客户运营平台"，如图7-12所示。

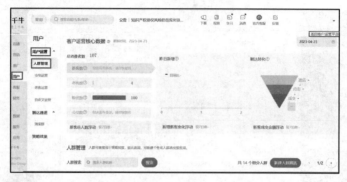

▲ 图7-12 单击"返回客户运营平台"

（2）打开"客户运营平台"页面，单击"客户列表"后，页面会按交易时间顺序呈现网店客户名单及其订单信息，并按照"成交客户""未成交客户""询单客户"对客户进行分组，单击某个客户信息右边的"详情"超链接，如图7-13所示。

▲ 图7-13 客户列表

（3）打开客户的详细信息页面，其中包括客户的真实姓名、性别以及交易信息等，如图7-14所示。

▲ 图7-14 客户的详细信息

（4）单击"客户分群"，进入"客户分群"页面。客户分群功能可自动识别店铺的"兴趣人群""新客户人群""复购人群"，有助于卖家对不同人群进行定向运营，如图7-15所示。

▲ 图7-15　客户分群

（5）再次单击"客户列表"，然后单击"分组管理"按钮，如图7-16所示。

▲ 图7-16　单击"分组管理"按钮

（6）可根据不同的方式从多个维度对客户进行分组管理。单击"新增分组"按钮，如图7-17所示。

▲ 图7-17　对客户进行分组管理

（7）进入"新建分组"页面，并设置分组名称，如图7-18所示。

（8）单击"确定"按钮，打开对话框，提示分组创建成功，如图7-19所示。

▲ 图7-18　设置分组名称

▲ 图7-19　分组创建成功

（9）单击"返回分组管理"按钮，在返回的页面选择一个客户，单击"添加分组"按钮，为其选择合适的组群，如图7-20所示。

▲ 图7-20　选择合适的组群

案例 2——阿里店小蜜常见问答配置

常见问答配置功能提供很多问题，常见问答配置的具体操作步骤如下。

（1）进入阿里店小蜜的后台管理页面，执行"问答管理"—"常见问答配置"命令，打开"全部知识"页面，找到想要编辑或增加答案的问题，单击"增加答案"超链接，如图7-21所示。

（2）进入"答案编辑器"页面，针对客户咨询的问题编写图文答案，如果有需要还可以添加表情以增强图文的说服力，完成后单击"确认"按钮，如图7-22所示。

▲ 图7-21　增加答案

提示与技巧

对于咨询频率比较高的问题，可以设置多个答案，当客户重复咨询的时候，就可以避免反复回复同一个答案。

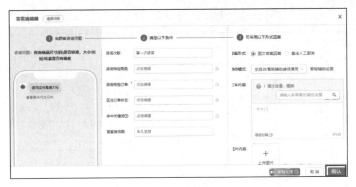

▲ 图7-22 编写图文答案

（3）返回"全部知识"页面，单击"关联问题"超链接，如图7-23所示。

▲ 图7-23 添加关联问题

（4）进入"关联其他问题"页面，单击"新增关联问题"超链接进行配置，如图7-24所示。最多可以配置5个关联问题。

▲ 图7-24 新增关联问题

（5）进入"关联知识编辑框"页面，可以对各类问题进行编辑，如图7-25所示。

▲ 图7-25 编辑问题

（6）选择其中一个问题，可以进行编辑或删除，完成后单击"保存"按钮，如图7-26所示。

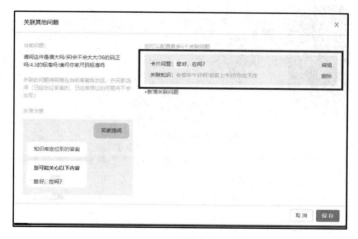

▲ 图7-26 编辑文字答案

思考与练习

一、名词解释

1. 客户分群
2. 阿里店小蜜
3. 智能客服
4. 客户关系管理

二、选择题

1. 下列关于网店客服的作用，不正确的是（　　）。

    A．不能提升买家的购物体验　　　B．提高店铺的销量　　　C．增加回头客

2. 主要从事引导性的工作，如回答买家对商品的咨询，负责从买家进店咨询到拍下商品付款的整个环节的工作的是（　　）。

    A．售中客服人员　　　　　　　　B．售前客服人员　　　　　C．售后客服人员

3. 下列关于客户运营平台功能，不正确的是（　　）。

    A．客户管理　　　　　　　　　　B．不能增加客户黏性

    C．对客户等级进行划分

4. （　　）功能可协助卖家跟进交易的各个关键环节，包括很多场景。

    A．跟单助手　　　　　　　　　　B．商品知识库　　　　　　C．店铺问答诊断

三、思考题

1. 网店客服人员的工作内容有哪些？

2. 网店客服人员的工作目标是什么？

3. 什么是智能客服？

4. 阿里店小蜜的基本功能有哪些？

5. 售中客服人员的工作内容主要有哪些？

任务实训

下面介绍阿里店小蜜服务模式的设置，具体操作步骤如下。

（1）进入阿里店小蜜后台管理首页，单击"全自动接待"，在打开的下拉列表中单击"设置"超链接，如图7-27所示。

（2）进入"全自动接待设置"页面，开启全自动接待模式，如图7-28所示。

▲ 图7-27　单击"设置"超链接

（3）单击"智能辅助接待"旁的"设置"超链接，设置智能辅助接待方式，如图7-29所示。

▲ 图7-28　开启全自动接待模式

▲ 图7-29　设置智能辅助接待方式

网店数据分析

本章引入

在网店的运营中，数据分析永远扮演着不可忽视的角色。新手卖家通常不太了解数据分析，更注重引流、打造热销商品等，却不知道如何从数据中获取更精准的分析结果。网店数据分析是通过数据的形式，把网店各方面情况都反映出来，使卖家更加了解网店的运营情况，便于调整网店的运营策略。

学习目标

知识目标	☑ 熟悉网店数据分析的重要性及其价值
	☑ 熟悉网店数据分析的指标和流程
技能目标	☑ 掌握常用的数据分析工具
	☑ 能进行店铺数据实战分析
素养目标	☑ 增强遵纪守法观念
	☑ 培养数据收集与分析能力

知识框架

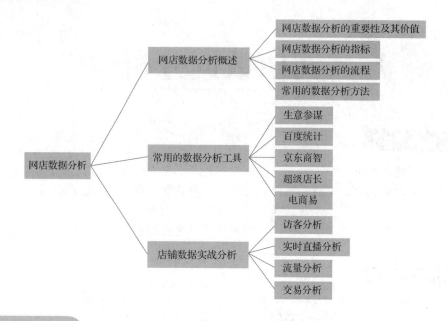

导引案例

网店数据分析　优化运营策略

　　周帆在淘宝上注册了自己的店铺，刚开始卖一些名牌服装的尾货。如今他在淘宝上开的品牌男装旗舰店已经是3皇冠店铺。他还注册了自己的男装品牌，通过专门的服装设计师对服装板型、纹样等进行设计，交由代工厂生产后，利用网络渠道销售。

　　但最近网店的销量出现了下降的趋势，一个网店的销量下降，原因有很多，但总的来说，还是要从访客数、转化率和客单价等方面进行分析。管理者只有在找到店铺销量下降的真正原因并加以改正后，才能把店铺经营得越来越好。于是周帆通过跟运营人员沟通和查阅客服人员与客户的聊天记录，发现访客数、转化率、客单价及响应速度等数据的情况都很差，以前他从来没有看过相关数据，这次他决定对网店中的每类数据逐一展开分析，以应对网店的危机。

　　如今各行各业都离不开数据分析，数据分析在网店运营中扮演了多重重要的角色：它可以是预测师，帮助网店选款、预测库存周期、预测未来风险；它可以是规划师，通过数据分析，帮助管理者合理规划网店装修板块和样式；它可以是医师，诊断网店的状况，对"已生病"的网店找出"病源"并对症下药；它可以是行为分析师，通过分析买家购买的商品、商品的单价、买家花费的金额、买家活跃时间、客服聊天反馈等了解买家的行为特性；它可以是营销师，通过对现有资源的合理分析，帮助管理者做出最优的销售计划，促进网店销量增长。

思考与讨论

（1）简述网店数据分析的重要性。

（2）如何进行网店数据分析？

8.1 网店数据分析概述

扫一扫

通过网店数据分析，卖家可以了解自身的业务情况和用户需求，优化网店运营策略和提升用户体验。

8.1.1 网店数据分析的重要性及其价值

随着电商企业规模的不断扩大，管理数据日益复杂，管理者如果仅仅依赖于传统的管理手段就很难适应现代化的电商企业管理需求。因此，为了实现网店的现代化科学管理，实现对复杂的管理数据的识别和分析，满足企业快速成长的需求，管理者必须充分认识到数据分析对电商企业发展的重要性，重视数据统计与分析的相关工作，提升网店数据统计与分析的质量，保障数据的精准度。

在网店中，数据分析的价值凸显。数据分析为网店提供了良好的信息管理基础，使管理者能够组织和开展内部的数据统计工作。数据分析的价值还体现在对网店发展中出现的问题的分析和预测上，其具体内容如下。

（1）发现问题：作为一个网店卖家，需要随时监控全店各类数据，发现异常数据时应及时采取对策，从而减少网店的损失。

（2）解决问题：通过数据分析更能有针对性地找到解决问题的方法。

（3）预测趋势：通过数据分析可预测电商平台、商品的发展状况。

（4）挖掘需求：通过数据分析可挖掘客户需求。

8.1.2 网店数据分析的指标

卖家要想做好数据分析，一定要能看懂各种指标，通过分析指标数据来弥补运营方面的不足，并且不断地优化店铺，顺利地运营店铺。接下来介绍网店数据分析的指标。

1. 客单价

客单价是指店铺成交客户平均每次购买商品的金额，即平均交易金额。客单价的计算公式是：客单价=销售总额÷成交总笔数。店铺销售总额是由客单价和成交总笔数决定的，因此，卖家要提升店铺的销售总额，除尽可能多地吸引客户进店，增加成交笔数之外，提高客单价也是非常重要的途径。

2. 转化率

转化率指成交客户数占店铺访问总人数的比重。转化率对店铺的成交量有直接的影响。虽然流量对店铺的成交量有很大影响，但如果店铺转化率太低，流量再多对增加成交量也不起作用。卖家只有将转化率提高，引流的效果才会更好。转化率直接反映店铺对高质量流量的转化能力。

提示与技巧

　　网店的转化率跟商品的价格、网店的装修、网店客服人员的应答速度等因素都有密切的关系。转化率对网店经营非常重要，卖家一切行动的终极目标就是消除客户的疑虑，促使其下单购买商品，从而提高转化率，为网店带来更高的收益。

3. 复购率

　　复购率反映客户对商品或者服务的重复购买次数，复购率越高，客户对品牌的忠诚度就越高。对于客户复购率高的店铺，平台会认为卖家的服务态度好、发货速度快、商品质量好。

4. 退款率

　　退款率是指近30天成功退款笔数占近30天总交易笔数的比率。退款率对一个卖家的影响较大，能间接反映卖家的商品质量、服务态度、商品款式的受欢迎程度等，如果店铺的退款率高于行业的平均退款率，就要及时做出调整。如何降低退款率是一个非常重要的问题，卖家可以采用送小红包或者赠送小礼品给客户的方法来降低退款率。退款率等数据如图8-1所示。

▲ 图8-1　退款率等数据

5. 点击率

　　点击率是指商品展现后被点击的比率，点击率=点击量÷展现量×100%。点击率能体现商品是不是真的受欢迎，对流量也会产生影响。点击率提高了，说明店铺和商品得到了更多的展现和曝光，有了点击率才可能有转化率。点击率低的主要原因有商品价格高、销量低、款式过时、关键词不精准、客户定位不精准等。商品主图差和文案质量差也是点击率低的常见原因，卖家可以通过优化商品主图和文案来提高点击率。

6. 访客数

　　访客数是指统计周期内访问店铺的去重人数。若一个人在统计周期内多次访问店铺，访问次数只记为一次。

7. 店铺动态评分

　　店铺动态评分包括描述相符、服务态度、物流服务三个指标，是衡量店铺好坏的标准之一。店铺动态评分不仅影响店铺的排名，还会影响商品的排名，客户如果看到店铺动态评分很低会降低购买的欲望。卖家要提高店铺动态评分也需要从描述相符、服务态度、物流服务这几个角度入手。

8. 跳失率

跳失率是指客户只访问了一个页面就离开的访问次数占该页面总访问次数的比例。该值越低表示流量的质量越好。

8.1.3 网店数据分析的流程

数据分析就是一个发现问题、分析问题和解决问题的过程。在某种程度上，数据分析是一种方法论。卖家发现问题的渠道比较多，如店铺的日常运营、客户的反馈及日常数据统计等。解决问题则是最关键的一个环节，也是最容易被忽略的环节。目前数据分析工作中最核心的就是分析并解决问题，从而为客户提供良好的体验。

网店数据分析常用流程如图8-2所示。

▲ 图8-2　网店数据分析常用流程

1. 确定目标

在获取数据之前，运营人员应该明确需要通过数据分析解决的问题。

2. 收集数据

（1）自己店铺的数据——过往的销售记录、交易转化数据、广告推广效果等是真实、有价值的数据，应该定期整理。

（2）平台提供的数据——可以充分利用平台提供的数据分析工具了解店铺运营状况，比如查看商品访客数、商品微详情访客数、商品浏览量、有访问商品数、商品平均停留时长、商品详情页跳出率等。淘宝官方平台生意参谋提供的部分数据如图8-3所示。

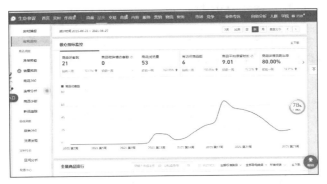

▲ 图8-3　淘宝方平台生意参谋提供的部分数据

（3）第三方数据平台——有的平台提供给卖家的数据不丰富，无法满足卖家对数据分析的需求，因此卖家可以利用第三方数据平台收集更多的数据。有些第三方数据平台是专门服务于电商卖家的，通常可用于检测平台整体数据、行业数据、竞品数据等。图8-4所示为第三方数据平台店透视。

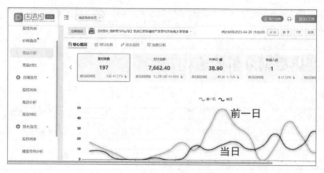

▲ 图8-4　第三方数据平台店透视

3. 整理数据

收集到数据后可将数据制作成图表，也可用Excel的公式及数据透视表功能进行统计运算，整理后的数据更直观。

4. 对比数据

通常需要对比数据才能得出结论和做出判断，比如本月和上月的数据对比，不同商品的数据对比等。

5. 做出判断

通过对比数据发现需要改进的地方，或者筛选出较优的方案。

6. 尝试改变

尝试建立多个新方案并进行数据测试，比如做直通车推广时多尝试几张不同风格的广告图。

7. 确定方案

随着改进措施的实施，管理者要及时了解运营数据的变化，不断改进和优化方案，不断寻找能从根本上解决问题的最优方案。

素养课堂："盗图抄店"涉嫌不正当竞争，当依法严惩

随着电商业的繁荣发展，平台、商家之间的竞争进入白热化阶段，对流量展开的争夺异常激烈，网店的成本增加、获利难度加大。有些商家通过数据分析，从平台上找出热卖的店铺商品，复制一家成熟的店铺、剽窃热销商品创意。有些商家因为拍摄图片需要布景、请模特儿、后期制作，以及在平台上宣传推广，涉及不少费用，为了节省经营成本，这些商家就在网上搜索了相似商品的图片，直接发布到自己的网店中。

上述商家再通过低价诱导消费者下单购买仿品，分走原创商家大量客流，已构成不正当竞争，将挤压原创空间和浇灭创新热情，形成"劣币驱逐良币"的局面，造成电商生态恶化。

2022年3月1日起实施的《浙江省电子商务条例》（简称《条例》），对电商经营者不得从事的不正当竞争行为进行了详细规定。

《条例》第二十八条规定，经营者使用与其他电子商务经营者的页面近似的设计，足以引人误认为是他人商品或者与他人存在特定联系的，由市场监督管理部门责令停止违法行为，没收违法商品。违法经营额五万元以上的，可以并处违法经营额五倍以下罚款；没有违法经营额或者违法经营额不足五万元的，可以并处二十五万元以下罚款。

一个坚持诚信经营的网店可以赢得更多买家的好评，信用也会逐渐提升，可以培养更多的忠实买家；一个没有诚信、靠不正当竞争经营的网店很难一直得到买家的信任。所以每一个网店想要生存都必须坚持诚信经营。网店的商品图片与文字描述一定要与实物相符，要让买家了解真实的商品，而不是盗用其他网店的图片、商品描述，这是诚信经营最基本的要求。

8.1.4　常用的数据分析方法

在大数据时代，大数据全面、实时、精准地为电商企业提供了海量的数据集。网店的很多方面都会涉及大数据。下面介绍网店常用的数据分析方法。

1. 分类法

分类法是将数据库中的数据项映射到某个特定的类别的方法。它可以应用到客户的分类、客户的属性和特征分析、客户满意度分析、客户的购买趋势预测等方面。例如，汽车零售商按照客户对汽车的喜好将客户分成不同的类型，这样营销人员就可以将不同汽车的广告手册直接送到有相应喜好的客户手里，从而提高销售成功的概率。

2. 回归分析法

回归分析法反映的是事务数据库中属性值在时间上的特征，通过产生一个将数据项映射到一个实值预测变量的函数，发现变量或属性间的依赖关系。回归分析法的应用范围较广，如客户寻求、保持和预防客户流失活动，产品生命周期分析，销售趋势预测，以及有针对性的促销活动等。

3. 聚类分析法

聚类分析法用于把一组数据按照相似性和差异性分为几个类别，其目的是使同一类别数据间的相似性尽可能大，不同类别数据间的相似性尽可能小。它可以应用到客户群体分类、客户背景分析、客户购买趋势预测、市场细分等方面。

4. 关联规则法

关联规则法用于描述数据库中数据项之间存在的关系，即根据一个事务中某些项目的出现，可大致推导出其他项目在同一事务中也会出现，即反映数据间隐藏的关联或相互关系。

5. 特征法

特征法用于从数据库中的一组数据中提取出关于这些数据的特征式，这些特征式表达了该数据集的总体特征。例如，营销人员通过对客户流失因素的特征提取，可以得到客户

流失的一系列原因和主要特征，利用这些信息可以有效预防客户流失。

6. 变化和偏差分析法

变化和偏差分析法是寻找观察结果与参照量之间有意义的差别的方法。在网店危机管理及其预警中，管理者更感兴趣的是那些意外规则。意外规则可以被应用到各种异常信息的发现、识别、分析、评价和预警等方面。

8.2 常用的数据分析工具

移动电子商务每时每刻都在产生数量庞大的数据，因此需要专门的软件和工具对其进行处理，下面介绍网店常用的数据分析工具。

扫一扫

课堂讨论

网店数据分析常用的工具有哪些？

8.2.1 生意参谋

随着互联网的发展，传统的商业格局被打破，电商在不断地发展壮大。在这个大背景下，传统电商也逐渐步入大数据时代，一些数据分析工具便应运而生。生意参谋作为一个数据分析工具，为卖家做决策提供了数据支撑。生意参谋是阿里巴巴打造的卖家统一数据平台，面向全体卖家提供一站式、个性化、可定制的商务决策体验。它集成了海量数据及店铺经营思路，不仅可以很好地为卖家提供流量、商品、交易等店铺经营全链路的数据披露、分析、解读、预测等功能，还能很好地指导卖家进行数据化运营。图8-5所示为生意参谋平台。

▲ 图8-5　生意参谋平台

8.2.2 百度统计

百度统计是一款稳定、专业、安全的数据分析产品，提供数据看板、行为分析、用户管理、转化归因、营销管理、AB测试等多个板块的高阶分析能力，帮助提升企业各职能角色工作效能，以数据分析助力企业达成用户全生命周期增长。

百度统计可帮助卖家收集网站访问数据，提供流量分析、来源分析、转化情况、推广效果、访客特征等多种统计分析服务，如图8-6所示。百度统计能为卖家的精细化运营决策提供数据支持，进而有效提高投资回报率。

▲ 图8-6 百度统计

8.2.3　京东商智

　　京东商智是京东提供给卖家的店铺效果分析体系。其功能模块与生意参谋接近，但主要面对京东体系店铺，分为基础版、标准版、高级版、热力图、搜索分析、购物车营销、客户营销、竞争分析等多个模块，卖家开通相应功能需要缴纳一定的费用，如图8-7所示。

▲ 图8-7 京东商智

　　京东商智是京东向第三方卖家提供数据服务的产品。从App、微信小程序等渠道，展示实时与历史两个视角下，店铺与行业两个范畴内的流量、销量、客户、商品等全维度的电商数据。其还提供购物车营销、精准客户营销等工具，基于数据分析帮助卖家提升店铺销量。京东商智为卖家提供专业、精准的店铺运营分析数据，帮助卖家提升店铺运营效

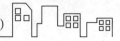

率、降低运营成本，是卖家进行精准营销、数据掘金的强大工具。

京东商智是京东面向卖家的一站式运营数据开放平台，具有以下特点。

（1）全面：京东商智是官方运营数据开放平台，提供全方位、全链路的数据解决方案。

（2）精准：所有数据接口均经过严格校验，保障业务数据通用、精准。

（3）专业：提供专业的数据分析方案，多维度展示运营数据及行业现状。

8.2.4 超级店长

超级店长是一款面向淘宝、拼多多、京东、抖音、快手等多个平台的第三方工具系统，如图8-8所示。它具备店铺数据概况、关键词分析、流量分析、商品分析、竞品动态等分析功能，另外还提供了无线引流、活动营销、安全预警、提效工具等一系列的功能和服务。

▲ 图8-8 超级店长

卖家只要合理使用超级店长工具，就能高效管理商品、订单、客服，节省更多成本，还能不用花太多时间在一些细节上，有时间策划全新的促销活动。当卖家把店铺打理得井井有条时，流量和销量就会增加，店铺就会得到高效的管理。

提示与技巧

如果运营店铺的时候，流量和转化率都不理想，可以利用超级店长工具，合理推广营销店铺。当流量越来越多的时候，提高转化率就有支撑了。

8.2.5 电商易

电商易是一家电商系统工具提供商，其旗下主要有看店宝、店侦探、小旺神、多多查、旺参谋等一系列与电商相关的应用分析工具（见图8-9），其中多数高级功能需要付费。

▲ 图8-9 电商易旗下产品

1. 看店宝

看店宝是一款主要面向网络零售平台的数据分析工具，其淘宝、天猫全网海量数据分析功能尤为强大，看店宝数据分析功能如图8-10所示。

▲ 图8-10 看店宝数据分析功能

（1）搜索分析功能。搜索分析功能可以展示App搜索排名、App直通车排名、App新品搜索等数据。

（2）标题分析功能。标题分析功能可以帮助卖家迅速掌握下拉框选词、组合词工具、TOP20W词库、标题打分情况，有利于卖家进行关键词挖掘和标题优化等操作。

（3）宝贝分析功能。宝贝分析功能可以帮助卖家迅速了解单品分析、评价采集、相似宝贝、同款宝贝等多个维度的指标，帮助卖家迅速掌握商品情况。

（4）店铺分析功能。店铺分析功能可以为卖家提供经营分析、全店宝贝、上新查询、DSR计算、降权查询等功能，使卖家迅速掌握店铺全方位信息。

2. 店侦探

店侦探可以做到严格监控目标店铺整体状况、销售分析、店铺流量结构、营销活动情况、具体商品详情等多个维度的信息，是卖家用来进行竞争店铺监控的有力工具，如图8-11所示。

▲ 图8-11 店侦探

3. 其他工具

电商易还有小旺神、多多查、旺参谋等一系列的插件工具，卖家通过这些工具可以还原生意参谋的指数指标，也可以查看淘宝服务市场或者京东服务市场，还可以查看各大电商平台目标店铺动态。

8.3 店铺数据实战分析

扫一扫

下面以淘宝的生意参谋为例讲述店铺数据实战分析，具体内容包括访客分析、实时直播分析、流量分析、交易分析。

8.3.1 访客分析

生意参谋的访客分析提供基于访客时段和特征的数据，使卖家了解店铺访客的分布及其特征，从而更好地采取有针对性的营销措施。

在时段分布中，卖家可通过选择日期、终端，查看对应统计周期内各类终端下的访客和下单买家数，从而更好地掌握店铺访客来访的时间规律，进而验证广告投放效果、调整引流时段策略。访客时段分布如图8-12所示。

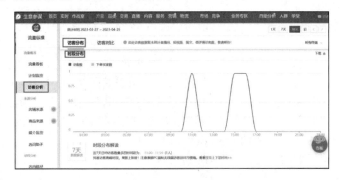

▲ 图8-12 访客时段分布

在特征分布中，卖家可通过选择日期和终端，查看对应统计周期内各类终端下访客的淘气值分布、消费层级、性别、店铺新老访客等数据，以验证或辅助调整广告定向投放策略。访客特征分布如图8-13所示。

淘气值分布可以反映买家的等级，淘气值越高的买家，网购次数越多；消费层级可以反映买家之前的购买能力；性别可以反映买家是以男性为主，还是以女性为主；店铺新老访客可以反映店铺的转化率。

▲ 图8-13 访客特征分布

在行为分布中,第一个数据是来源关键词TOP5,通过这个数据基本可以判断店铺的核心词,选择30天的平均数据会更加准确。选择日期之后,得到的关键词对店铺引流很重要。第二个数据是浏览量分布,这里浏览量为1,人数比较少,所以需要增加关联、客服引导等,增加买家在页面的停留时间,这样才能有助于提高店铺的转化率。访客行为分布如图8-14所示。

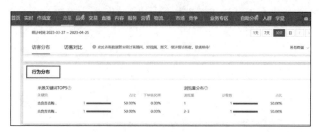

▲ 图8-14 访客行为分布

8.3.2 实时直播分析

实时直播中,卖家可以通过生意参谋随时观测实时数据。生意参谋提供的实时直播数据对店铺的运营发展有很大的帮助:一方面,实时直播数据有助于卖家跟踪商品的推广引流效果、观测实时数据,发现问题并及时调整优化策略;另一方面,实时直播数据有助于卖家实时查看商品具体的营销效果,如果转化率和点击率情况不好,同样可以及时调整推广力度。

实时概况能为店铺提供实时数据,主要包括访客数、浏览量、支付金额、支付子订单数、支付买家数及对应的排名。图8-15所示为实时概况。

▲ 图8-15 实时概况

8.3.3 流量分析

生意参谋的流量分析,包括全店的流量概况、流量地图、访客来访时段、地域等特征分析,以及店铺装修趋势和页面点击分布分析。它可以使卖家快速盘清流量的来龙去脉,在识别访客特征的同时,了解访客在店铺页面上的点击行为,从而评估店铺的引流、装修等状况,以便卖家更好地进行流量管理和转化。

流量看板是帮助卖家了解店铺整体的流量规模及流量变化趋势的板块。

执行"流量"—"流量概况"—"流量看板"命令，进入"流量看板"页面，卖家可在"流量总览"下知道店铺的浏览量、访客数及其变化，可通过跳失率、人均浏览量、平均停留时长了解访客质量。流量总览如图8-16所示。

▲ 图8-16 流量总览

8.3.4 交易分析

生意参谋的交易分析主要提供交易概况、交易构成、交易明细等功能，使卖家可从不同维度入手，细分店铺交易情况，及时解决店铺交易问题，交易分析还提供资金回流行动点。

交易概况反映了店铺从整体到不同维度的交易情况，能清晰地反映店铺转化率，并提供店铺趋势图及同行对比趋势图，从而帮助卖家了解店铺及同行趋势。交易概况如图8-17所示。

▲ 图8-17 交易概况

交易构成从不同角度细分店铺交易的构成情况，包括终端构成、类目构成、价格带构成。

终端构成：主要用于直观分析店铺PC端、无线端的交易情况，如图8-18所示。

▲ 图8-18 终端构成

类目构成：主要是从类目的角度出发，分析店铺类目的交易情况，如图8-19所示。

▲ 图8-19 类目构成

价格带构成：主要用于分析店铺中哪个价格段的商品更受买家欢迎，转化率如何，从商品价格出发分析店铺交易的数据，如图8-20所示。

▲ 图8-20 价格带构成

案例分析

案例1——分析客户画像

客户画像是根据客户的社会属性、生活习惯和消费行为等信息抽象出的一个标签化模型，方便卖家做出针对买家需求的运营方案，提升商品对买家的吸引力。

（1）在生意参谋中执行"流量"—"流量纵横"—"流量看板"—"流量来源排行TOP10"命令，如图8-21所示。通过这个排行榜，卖家可以看到流量来源数据，也可以看

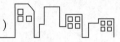

到流量来源的人群透视。人群透视功能是流量纵横专业版才有的一个功能。

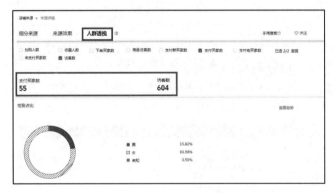

▲ 图8-21　流量来源排行TOP10

（2）单击"人群透视"超链接，进入相关页面之后首先看到的是性别占比。通常从男、女这两个维度去看支付买家数和访客数，如图8-22所示。在手淘搜索这个渠道下，男、女性别的占比分别是15.92%和83.58%，可以大概看出这个商品或者说这个店铺女性购买者占绝大多数。

▲ 图8-22　人群透视

（3）在"基础属性人群"选项卡中选择年龄分布，可以显示不同年龄段的人群占比，如图8-23所示。当店铺在运营推广的过程中，不知道选择哪个年龄段的人群时，可以通过流量来源渠道中的人群年龄数据来判断，从而优化网店运营推广效果。

▲ 图8-23　年龄分布

案例2——商品数据分析

商品分析是一种市场营销策略，可用于深入了解市场竞争环境，卖家可通过分析商品数据，了解市场状况，并制定更有效的市场策略。商品360主要针对单品做综合的数据评分，商品的评分标准为：根据"流量获取""流量转化""内容营销""客户拉新""服务质量"等设计商品的评分模型。商品分析一般包括以下几个步骤。

（1）打开生意参谋的后台，执行"品类"—"商品360"命令，如图8-24所示。

▲ 图8-24　选择商品360

（2）在搜索框中输入商品类目名称并选择商品，如图8-25所示。

▲ 图8-25　选择商品

（3）进入"商品360分析"页面，可以看到针对商品更加详细的分析和诊断。商品分析和诊断主要从8个维度进行，即单品诊断、销售分析、流量来源、标题优化、内容分析、客群洞察、关联搭配、服务体验，如图8-26所示。

▲ 图8-26　商品分析和诊断

（4）单击"销售分析"标签，可以查看该商品的销售情况，包括商品访客数、商品浏览量、平均停留时长、商品详情页跳出率、商品加购件数、商品收藏人数等，如图8-27所示。

▲图8-27　销售分析

（5）单击"流量来源"标签，可以查看该商品的流量来源情况，如图8-28所示。

▲图8-28　流量来源

提示与技巧

通过详细地对商品的各个方面做诊断和分析，卖家能很容易地得出商品在哪一方面出现问题，通过数据分析发现问题，根据建议调整商品相关数据指标，并且实时监控商品数据。

思考与练习

一、名词解释

1. 客单价
2. 转化率
3. 聚类分析法
4. 京东商智

二、选择题

1. （　　　　）是指客户只访问了一个页面就离开的访问次数占该页面总访问次数的比例。

　　A. 跳失率　　　　　　　　B. 退款率　　　　　　　　C. 流失率

2. （　　　）是指店铺成交客户平均每次购买商品的金额，即平均交易金额。

    A. 转化率　　　　　　　　B. 客单价　　　　　　　　C. 商品单价

3. （　　　）用于把一组数据按照相似性和差异性分为几个类别，其目的是使同一类别数据间的相似性尽可能大，不同类别数据间的相似性尽可能小。

    A. 分类法　　　　　　　　B. 特征法　　　　　　　　C. 聚类分析法

4. （　　　）提供基于访客时段和特征的数据，使卖家了解店铺访客的分布及其特征，从而更好地采取有针对性的营销措施。

    A. 访客分析　　　　　　　B. 实时直播分析　　　　　　C. 交易分析

三、思考题

1. 网店数据分析的价值有哪些？
2. 网店数据分析的流程是怎样的？
3. 常用的数据分析方法有哪些？
4. 常用的数据分析工具有哪些？
5. 如何通过生意参谋进行访客分析？

任务实训

    打开生意参谋，执行"品类"—"宏观监控"命令，在打开的页面中会呈现店铺的很多数据，如图8-29所示。查看数据可以选择的周期有1天、7天、30天等，而且可以和以前的任意一天做比较。在"核心指标监控"下可知道店铺的商品动销支付金额、商品收藏加购件数、商品访客数、成功退款金额、支付买家数等。

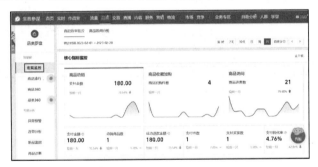

▲ 图8-29　宏观监控

移动网店运营

第9章

本章引入

　　随着移动互联网时代的到来，移动网店迎来了爆发期，抖音小店、拼多多等诸多移动网店纷至沓来，开始抢占与布局现有市场，使商业社会呈现出全新的态势。随着移动互联网的快速发展，越来越多的买家也开始使用手机等移动端访问网店进行在线购物。相关数据显示，通过移动端购物的买家所占比重越来越高。

学习目标

知识目标	☑ 熟悉移动网店的定义 ☑ 熟悉移动网店的形式
技能目标	☑ 掌握拼多多网店的运营方法 ☑ 掌握抖音小店的运营方法
素养目标	☑ 增强诚信为本、守法经营的意识 ☑ 提高自身素质，避免虚假、夸张的宣传

知识框架

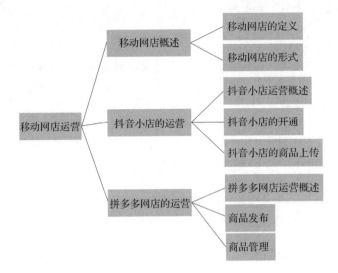

移动网店运营
- 移动网店概述
  - 移动网店的定义
  - 移动网店的形式
- 抖音小店的运营
  - 抖音小店运营概述
  - 抖音小店的开通
  - 抖音小店的商品上传
- 拼多多网店的运营
  - 拼多多网店运营概述
  - 商品发布
  - 商品管理

导引案例

董明珠直播卖家电

董明珠直播的几大亮点如下。

1. 以嘉宾的角色出席

董明珠在直播中以嘉宾的角色出席，而并非主播。她在直播中通常都是开个场，奠定直播的基调，然后将直播变现的工作交由专业成熟的主播来完成。企业家更适合以嘉宾的角色出席，负责向外界传递品牌的形象与价值观。

2. 采用成熟稳重的风格

大多数头部主播的直播风格都属于亢奋型，即积极热情地向用户推荐直播商品，通常音调较高、语速较快，以增强感染力，留住进入直播间的用户。

但是，因为企业家的身份，董明珠不太方便激情亢奋地讲解，所以她在直播时一直表现得成熟稳重、落落大方，符合企业家在大多数人心中的形象。

3. 提前熟悉直播商品

在前几场直播中，董明珠通常还会现场介绍一款商品，如在快手直播中主播邀请董明珠向用户推荐了一款格力生产的便携式榨汁杯。董明珠讲解得非常熟练，对商品卖点的描述及使用方法如数家珍，从中能看出董明珠是做足了功课的。

讲清楚卖点是主播的基本功，这同样适用于企业家做直播。当一个企业家能够细致地讲解商品的功能、用法时，用户就会觉得其是真诚的，以及觉得其真的了解商品。

因此，如果直播中设计了企业家介绍商品的环节，一定要事先让企业家熟悉商品的功能和用法，至少在直播时能够体现出其真的做了功课，从而让用户更放心。

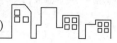

4. 降低商品价格

董明珠和直播平台合作，取得流量上的加持，再提供购物补贴，直播商品的价格就能立即降低，如空调、冰箱、热水器、电饭煲、空气净化器等多个品类的价格都比平时低得多，从而能激发用户的购买欲望。

5. 精心设计宣传视频

企业家代表了企业与品牌的形象，其参与直播起到了宣传企业与品牌的作用。宣传企业与品牌的传统方式大多就是花钱投广告，费用通常不低。然而，一场精心策划的直播活动，在平台流量的扶持下，一晚上就可能获得百万级别甚至千万级别的流量曝光。

因此，董明珠在京东直播时，会在直播开场前15分钟左右放一段先导片，时长不到2分钟，循环播放。其讲述了格力的担当及对市场发展做出的贡献，以及所取得的突破与科技创新。

思考与讨论

（1）董明珠的直播有哪些值得我们学习的地方？

（2）你觉得董明珠的直播给你带来的最大启发是什么？

9.1 移动网店概述

扫一扫

纵观整个电子商务市场，移动端的高速发展已经成为电子商务市场的大趋势。移动网店打破了传统电商交易的时空限制，实现了线上线下交易的完美融合。

课堂讨论

（1）什么是移动网店？

（2）移动网店有哪些常见的形式？

9.1.1 移动网店的定义

移动网店也称为移动电商，移动网店处于不断发展中，还没形成公认的、全面的、统一的定义，因而本书分别从狭义和广义两个角度对移动网店进行定义。

从狭义角度看，移动网店通常是指能够让人们通过智能手机浏览商品、在线购买和支付，完成交易的网店。

从广义角度看，移动网店通常是指能够让人们通过智能手机、平板电脑等移动终端浏览商品、在线购买和支付，完成交易的网店。

提示与技巧

移动网店处于飞速发展的阶段，在具体发展过程中，其逐渐体现出时间碎片化、用户体验至上、营销精准化、社交化、内容为王、服务个性化、定位精准、易于技术创新等特点。

9.1.2　移动网店的形式

当前，移动网店的形式主要有三种：传统企业自建移动商城App、零售电子商务平台的移动端App和第三方移动网店App平台。对于中小企业或个人卖家而言，借助第三方移动网店App平台搭建微店是适合采用的移动网店开店形式。

1. 传统企业自建移动商城App

许多传统企业早已涉足电子商务领域，搭建电子商务平台。随着移动互联网的兴起，这些企业也以原有的电子商务平台为基础，各自推出了移动商城App，并将其与原有的PC端的传统商城和线下企业实体店相结合，实施全方位的市场营销战略。

苏宁易购是新一代B2C网上购物平台，现已覆盖传统家电、3C电器、日用百货等品类。与此同时，苏宁易购也推出了移动端App。

国美电器是苏宁电器强有力的竞争对手，国美电器网上商城名为"国美在线"。手机版"国美在线"是国美电器为适应当前移动电子商务逐渐渗透的趋势而推出的移动端App。

2. 零售电子商务平台的移动端App

零售电子商务平台的移动端App以手机淘宝、天猫App、京东等为代表。京东是专业的综合网上购物商城，在线销售数万个品牌。它既是为第三方商家提供服务的交易平台，又是全球几千家超亿元品牌和数十万个第三方商家入驻的平台。京东为商家提供从入驻到商品销售、售后服务、仓储配送等一系列服务，覆盖服饰、消费品、家电、3C电子商品等领域。

3. 第三方移动网店App平台

第三方移动网店App平台是指为中小企业及个人卖家提供移动零售网店入驻、经营、商品管理、订单处理和买家管理等服务的平台。

目前市场上比较常见的第三方移动网店App平台有拼多多、抖音小店、微店等。

9.2　抖音小店的运营

开通抖音小店后，商家可以通过抖音小店实现商品交易、店铺管理、售前和售后履约、与第三方服务市场合作等全链路的生意经营。

课堂讨论

（1）什么是抖音小店？
（2）抖音小店有哪些常见的店铺类型？

9.2.1　抖音小店运营概述

抖音小店是抖音平台为电商商家提供的实现一站式经营的平台，包括网页端、App端、客户端3种形式，在这里商家可以完成入驻、开通抖音店铺、发布商品、订单履约、售后服务等一系列动作，同时也可以从该平台获取学习资料，从而顺利开展电商经营。开通抖音小店后，商家可以在抖音、今日头条、西瓜视频、抖音火山版等渠道进行商品分享。抖音小店如图9-1所示。

抖音小店的商家可实现在平台上的持续经营，通过直播实现销售的新增长。目前抖音小店有5种店铺类型，分别如下。

1. 企业店

企业店是指以商标权利人提供普通授权的品牌入驻平台开设的企业店铺，经营1个及1个以上品牌。申请主体应为企业，个体工商户/个人不得申请。企业店包括以下类型。

（1）经营1个及1个以上自有品牌的企业店。

（2）经营1个及1个以上授权品牌的企业店。

（3）既经营他人品牌商品又经营自有品牌商品的企业店。

▲ 图9-1 抖音小店

2. 专营店

专营店是指以商标权利人提供普通授权的品牌入驻平台开设的企业店铺，经营2个及2个以上品牌。申请主体应为企业，个体工商户/个人不得申请。专营店包括以下类型。

（1）经营2个及2个以上自有品牌的专营店。

（2）经营2个及2个以上授权品牌的专营店。

（3）既经营他人品牌商品又经营自有品牌商品的专营店。

3. 专卖店

专卖店是指以商标权利人提供普通授权的品牌入驻平台开设的企业店铺。申请主体应为企业，个体工商户/个人不得申请。

专卖店的类型：经营1个或多个授权品牌且各品牌归同一实际控制人的专卖店。

4. 旗舰店

旗舰店是指以自有品牌（商标为R标或TM标）或由商标权利人（商标为R标）提供独占授权的品牌，入驻平台开设的企业店铺。申请主体应为企业，个体工商户/个人不得申请。旗舰店包括以下类型。

（1）经营1个或多个自有品牌商品的旗舰店。

（2）非自有品牌（独占授权）经营1个或多个非自有品牌（独占授权，多个品牌需归同一实际控制人）的旗舰店。

5. 个体店

个体店是指以商标权利人提供普通授权的品牌入驻平台开设的个体店铺，经营1个及1个以上品牌。申请主体应为个体工商户/个人，不能为企业。个体店包括以下类型。

（1）经营1个及1个以上自有品牌的个体店。

（2）经营1个及1个以上授权品牌的个体店。

（3）既经营他人品牌商品又经营自有品牌商品的个体店。

9.2.2 抖音小店的开通

开通抖音小店的具体操作步骤如下。

（1）进入抖音App中的"我"页面，点击右上角的，在打开的侧边栏中选择"抖音创作者中心"选项，如图9-2所示。

（2）进入"创作者中心"页面，点击"全部"，如图9-3所示。

（3）进入图9-4所示的页面，点击"开通小店"。

▲ 图9-2　选择"抖音创作者中心"选项

▲ 图9-3　点击"全部"

▲ 图9-4　点击"开通小店"

（4）进入"抖音电商"页面，点击"立即入驻"按钮，如图9-5所示。

（5）进入"认证类型选择"页面，根据实际情况点击"立即认证"按钮，如图9-6所示。进入"主体信息"页面（见图9-7），填写资料并通过审核后即可成功开通抖音小店。

▲ 图9-5　点击"立即入驻"按钮

▲ 图9-6　认证类型选择

▲ 图9-7　"主体信息"页面

9.2.3　抖音小店的商品上传

很多商家开通了抖音小店，但是并不知道怎么上传商品。抖音小店商品上传的具体操作步骤如下。

（1）登录抖音小店后台，执行"商品"—"商品创建"命令，如图9-8所示。打开商品创建页面，选择商品类目（若不确定具体的类别，可通过搜索关键词进行商品类目的快速定位及选择），如图9-9所示。一定要选自己商品对应的类目，二级类目、三级类目都需要对应，如果不对应，将无法通过审核。

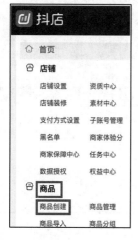

▲ 图9-8　执行命令

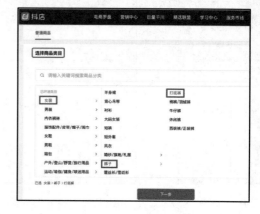

▲ 图9-9　选择商品类目

（2）当类目选择完后，商家可开始填写商品基础信息，带"*"号的是必须填写的，按照要求填写。当选择品牌时，商家可通过检索的方式选择商品对应的品牌。图9-10所示为填写商品基础信息。

（3）填写图文信息，如图9-11所示。主图和商品详情是用户了解商品信息的重要途径，务必填写完整。为保证用户在购买商品时拥有充分的知情权，便于用户更全面地了解商品，商家应根

▲ 图9-10　填写商品基础信息

据所销售的商品的实际属性填写商品详情，并及时维护，保证商品详情真实、正确、有效。

（4）在"价格库存"选项卡中，选择发货模式，如图9-12所示。发货模式分为现货发货模式、全款预售发货模式、阶梯发货模式。系统默认现货发货模式，建议新手商家选择48小时发货，全款预售发货模式需要设置预售结束时间和发货时间。

（5）填写价格与库存，如图9-13所示。价格和库存的设置将影响商家的销量和交易额。

▲ 图9-11 填写商品图文信息

（6）在"服务与履约"选项卡中填写服务与履约信息，如图9-14所示。售后服务将根据所选类目默认匹配，如该类目商品支持7天无理由退换货服务，则用户端将显示"7天无理由退换货（规则详见）"服务标签。

（7）在"商品资质"选项卡中上传商品资质，图9-15所示为"商品资质"选项卡中包含的信息。

▲ 图9-12 选择发货模式

▲ 图9-13 填写价格与库存

▲ 图9-14 填写服务与履约信息

▲ 图9-15 "商品资质"选项卡

（8）所有信息创建好之后，商家就可以发布商品了，提交前请仔细检查各项内容填写的准确性与完整性，如果审核通过，商品就可被用户看到。

素养课堂：抖音电商严打商品虚假宣传

2023年1月，抖音电商公布专项行动阶段治理成果，封禁相关违规商品5642件，处罚违规店铺3287个，清退违规商家2556个；严惩相关违规电商作者7460人，根据其违规程度予以扣罚信用分、冻结电商和开播权限等处罚。平台还关停相关违规直播间5312个，处罚相关违规短视频2276条。

直播营销人员在通过抖音平台直播带货的过程中，必须遵守以下关于虚假宣传条款的相关规定。平台所禁止的虚假宣传包括达人对所分享商品信息及各项参数进行虚假/夸大描述，对商品效果过度承诺，或进行效果性宣传，或发布虚假活动信息，或恶意贬低第三方或第三方产品等可能导致用户对商品/服务的真实情况产生误解的行为。若达人涉及以下违规情形，抖音平台有权通过合法有效的途径单方面判定其违规性质及适用的处理标准，并对其做出进一步处罚。

虚假宣传违规情形包括但不限于以下内容。

小实验展现：使用小实验展现商品效果，但小实验本身与所分享商品的效果并无直接因果关系。

吹嘘夸大：非特殊化妆品宣传特殊化妆品功效、普通食品宣传医疗保健功效等进行效果性保证或承诺，以违背常识夸张演绎的形式演示商品效果。

假冒伪劣：无客观依据进行专利、荣誉、研发团队、销量相关宣传，或无授权以具有名人效应人物的音频、形象或名义进行商品宣传。

宣传信息与实际不符：所宣传的商品各项参数信息与实际情况不符。

夸张对比：以使用商品前后的对比效果为宣传点，明示或暗示使用商品的效果，混淆用户感知，传达不实的商品效果信息。

虚假活动信息：利用口播、视频字幕、购物车等位置，发布分享关注领奖品、粉丝免费送等活动信息，但活动信息与实际情况不符。

违规宣传用语：在分享商品的过程中，宣传养生、保健或医疗等相关专业领域的信息。

极限词：在口播、视频字幕、购物车/视频标题中有"国家级""最高级""最佳""全国第一""绝无仅有""顶级"等《中华人民共和国广告法》中的禁用词汇。

虚构原价、优惠价、政府定价：以任何原因虚构原价和降价，使用"全网最低价""政府定价""极品价"等用户无法做出比较及参考的价格表述进行宣传。

不公正性：通过贬低其中一方夸赞另一方，以达到宣传商品的目的。

其他法律法规、平台规定禁止出现的虚假宣传内容。

9.3　拼多多网店的运营

拼多多自上市以来，凭借百亿补贴计划收获诸多流量，大力发展下沉市场客户，凭借彼时大家都不看好的下沉市场超越许多早已成熟的移动电商平台。

9.3.1 拼多多网店运营概述

下面介绍拼多多网店运营概述，包括开店客户定位、拼多多商家类型。

1. 开店客户定位

客户定位是指确定哪些客户是店铺的目标客户，只有做好客户定位才能更好地运营店铺。拼多多的客户70%为女性，其中65%来自三线以下城市，客户年龄集中在25岁到35岁。拼多多客户中女性占比较大，购物需求更旺盛。

拼多多的客户群体如图9-16所示。圆环中心的"三、四、五线城市青年"是拼多多目前的核心客户，他们对价格更敏感，在购物时往往以价格为导向，对商品品质要求相对较低。而"大学生"虽然也会在意价格，但是他们通常会在对品质要求不高的商品上选择低价，如在拼多多购买一些日用品。"一、二线城市上班族"在某些方面的需求类似于大学生群体，但是由于他们有较高的独立收入，对生活质量要求也会较高，商品品质是他们较看重的点。"一、二线城市务工人员"会比较看重价格因素，对商品品质要求不高。"三、四、五线城市中年"的成长环境与时代背景使他们在消费上偏保守，他们需求的关键在于低价、有用。

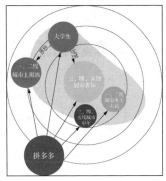

▲ 图9-16 拼多多的客户群体

2. 拼多多商家类型

拼多多商家按规模划分，主要分为大卖家、中型卖家、小型卖家。下面对其进行分别介绍。

（1）大卖家。大卖家是自己能把控货源、自己的风格和定价标准，有完整的团队，有相当不错的销售业绩的商家。大卖家的主要提升方向在于团队的精细化运营能力，从而让自己获得更高的曝光率，争取更多的竞争资源，做出更多的热销商品。

（2）中型卖家。中型卖家是具备一定的电商基础、供应链和差异化产品打造能力，而且有稳定的新品推广计划的商家。其在店铺的热销商品策略、测款方法、动销数据、老客户维护，以及店内流量循环等方面都做得比较好，同时其学习能力强，能够和拼多多平台共同成长。

提示与技巧

中型卖家的主要提升方向在于差异化的产品策略，避开与大卖家的直接竞争。因此，中型卖家需要多研究产品款式，通过打造高附加值的产品来提高自己的利润水平，最好能够利用付费流量直接实现盈利。

（3）小型卖家。小型卖家是指那些没有供应链实力，主要通过市场拿货的商家。他们的运营能力一般，也没有过多精力研究运营策略。小型卖家缺乏热销商品打造能力，同时也极少做新品推广计划，因此店铺很少会产生热销商品。

9.3.2 商品发布

在拼多多商家后台发布商品的具体操作步骤如下。

（1）进入商家后台登录页面，用户可选择"扫码登录"或"账号登录"，这里选择"账号登录"，输入账号名/手机号和密码，如图9-17所示。

（2）单击"登录"按钮，打开"商家后台"页面，在左侧导航栏中执行"商品管理"—"发布新商品"命令，如图9-18所示。

▲ 图9-17 输入账号名/手机号和密码

▲ 图9-18 执行命令

（3）进入"发布新商品"页面，商家可以在搜索框中输入关键词快速搜索分类，也可以在下方手动设置分类，设置完成后，单击"确认发布该类商品"按钮，如图9-19所示。

▲ 图9-19 选择分类

（4）进入"基本信息"页面，设置商品的基本信息，包括商品轮播图、商品标题、商品属性、商品详情等，如图9-20所示。

▲ 图9-20　设置商品的基本信息

（5）填写规格与库存，包括商品规格、价格及库存、商品参考价等，如图9-21所示。

▲ 图9-21　填写规格与库存

（6）填写服务与承诺，包括运费模板和承诺发货时间，填写完成后单击"提交并上架"按钮，如图9-22所示。

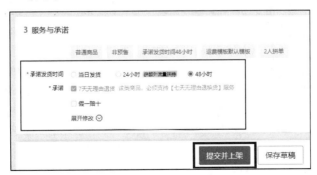

▲ 图9-22　填写服务与承诺

9.3.3 商品管理

拼多多商家后台可用于管理商品，商家可以对商品信息进行修改，也可以下架商品，还可以对商品进行推荐。商品管理的具体操作步骤如下。

（1）进入商家后台，在"商品列表"页面中可以创建商品，通过上架审核的商品也会出现在"商品列表"页面中。商家可以在"商品列表"页面中执行上下架商品、编辑商品和分享激活等操作。单击"查看/分享"超链接，打开"查看/分享商品"页面，可通过分享商品链接、分享商品二维码、分享商品海报3种方式将商品分享到微信群、QQ群或微博等平台，如图9-23所示。

▲ 图9-23 "查看/分享商品"页面

（2）店铺每天可以使用一次"商品体检"功能，使用该功能后系统会详细展示店铺的问题商品情况，商家可以根据体检结果和平台规则，在系统的引导下处理这些问题，从而增加店铺的流量，提高转化率、活动报名成功率，以及获得买家好评。"商品体检"页面如图9-24所示。

▲ 图9-24 "商品体检"页面

（3）"商品素材"页面主要展示商品各级标准的素材，包括图文素材、主图投放、素材工具等，同时可以展示相关的示例图，如图9-25所示。

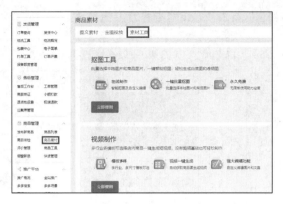

▲ 图9-25 "商品素材"页面

案例分析

案例1——开通抖音带货权限

在抖音App开通带货权限的具体操作步骤如下。

（1）选择抖音首页底部的"我"，点击右上角的▤，如图9-26所示。

（2）在打开的页面中选择"抖音创作者中心"，如图9-27所示。

▲ 图9-26 点击图标

▲ 图9-27 选择"抖音创作者中心"

（3）进入图9-28所示的页面，点击"全部"。

（4）打开"我的服务"页面，点击"电商带货"，如图9-29所示。

（5）进入"实名认证"页面，点击"立即加入电商带货"按钮，如图9-30所示。

（6）打开"抖音账号授权"页面，阅读后勾选"已阅读并同意《巨量百应平台服务协议》《百应信息保护声明》《账号绑定协议》《精选联盟服务协议》《联盟信息保护声明》"，点击"同意授权"按钮，如图9-31所示。

（7）在"商品橱窗"页面中填写带货资质，完成后点击"填写带货资质"按钮，如图9-32所示。

（8）在"立即加入电商带货"页面中填写个人信息，完成后点击"提交审核"按钮，如图9-33所示。

▲ 图9-28 点击"全部"

▲ 图9-29 点击"电商带货"

▲ 图9-30 点击"立即加入电商带货"按钮

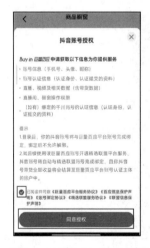

▲ 图9-31 点击"同意授权"按钮

▲ 图9-32 填写带货资质

▲ 图9-33 提交审核

案例2——拼多多网店发货与物流管理

商家可通过"发货管理"模块处理日常发货和退货等业务，"发货中心"页面如图9-34所示。商家可以在该页面中进行"批量导入""单条导入""在线下单""拼多多打单""无物流批量导入""无物流单条导入""智能发货"等操作。

▲ 图9-34 "发货中心"页面

批量发货首先需下载发货模板，然后按照发货模板要求填写订单号、快递公司和快递单号等。拖曳或点击以导入批量发货的文件，可以在批量发货记录里面查看导入成功和导入失败的订单（导入失败的订单需要重新核对订单信息），如图9-35所示。

▲ 图9-35 批量发货

单条导入如图9-36所示，输入订单号、快递单号、快递公司和退货地址，点击"确认发货"按钮。

▲ 图9-36 单条导入

商家可通过"物流工具"模块设置运费模板。进入拼多多商家后台，执行"发货管理"—"物流工具"—"运费模板"命令，点击"新建运费模板"按钮，如图9-37所示。进入"新建运费模板"页面，输入模板名称和相关信息，如图9-38所示。单击"提交"按

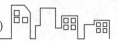

钮，即新建成功。

▲ 图9-37 新建运费模板

▲ 图9-38 输入模板名称和相关信息

运费模板用于为一批商品设置相同的运费计算规则，当需要修改配送地区和运费的时候，这些关联商品的运费将一起被修改。

思考与练习

一、名词解释

1. 移动网店
2. 第三方移动网店App平台
3. 抖音小店
4. 专营店

二、选择题

1. 京东的移动网店形式是（   ）。

    A. 零售电子商务平台的移动端App

    B. 传统企业自建移动商城App

    C. 第三方移动网店App平台

2. （   ）是经营1个或多个授权品牌且各品牌归同一实际控制人的抖音小店。

    A. 专营店　　　　　　　　B. 专卖店　　　　　　　　C. 旗舰店

3. （   ）是具备一定的电商基础、供应链和差异化产品打造能力，而且有稳定的新品推广计划的商家。

    A. 小型卖家　　　　　　　B. 大卖家　　　　　　　　C. 中型卖家

4. "（   ）"页面主要展示商品各级标准的素材。

    A. 商品素材　　　　　　　B. 商品列表　　　　　　　C. 商品体验

三、思考题

1. 移动网店的形式有哪几种？
2. 抖音小店有哪些店铺类型？
3. 拼多多的开店客户定位是什么？
4. 拼多多商家类型有哪些？
5. 如何开通抖音带货权限？

任务实训

群直播通知功能是指商家开播后系统自动抓取直播间信息，在商家粉丝群内发送开播提醒、热卖商品提醒、直播间权益提醒，将群成员引到商家直播间，进行成交转化。图9-39所示为群直播通知。

设置群直播通知的具体操作步骤如下。

（1）进入抖店后台，执行"用户"—"用户运营"—"用户触达"—"群聊管理"—"群运营"—"直播通知"命令，单击"配置"按钮可以选择商家自定义的活动，如图9-40所示。

▲ 图9-39 群直播通知

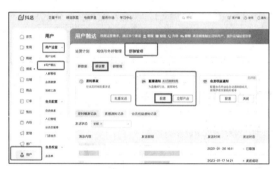

▲ 图9-40 直播通知

（2）开启"开播提醒""热卖商品提醒""直播间权益提醒"等，"文本"选择"系统智能匹配"，"选择权益"中勾选"优惠券""红包""福袋"，如图9-41所示。

▲ 图9-41 设置直播通知

第10章 跨境电商网店运营

● 本章引入

　　跨境电商已经成为全球中小企业参与国际贸易的一种重要方式。全球贸易门槛降低，交易流程更加精简，这不仅是因为国际互联网的蓬勃发展，而且受益于全球跨境电商平台的崛起。

● 学习目标

知识目标	☑ 熟悉跨境电商的定义和分类 ☑ 熟悉跨境电商生态体系
技能目标	☑ 掌握跨境电商网店运营 ☑ 掌握跨境电商平台全球速卖通运营
素养目标	☑ 具备跨境电商运营的基本职业素质，遵守各国（地区） 　法律、法规 ☑ 增强中国特色社会主义道路自信、理论自信、制度自信、文化 　自信

知识框架

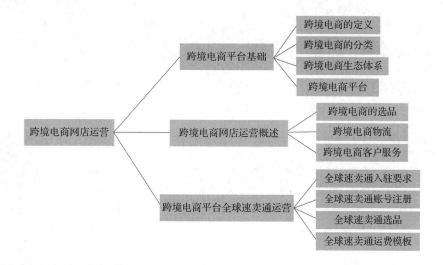

导引案例

跨境电商生意直通村口，让土特产销路扩大

当芒草"连上"网线，产自广西山村的编织品在远销全球60多个国家和地区的同时，带领着900多户农户共同富裕。农业农村与跨境电商的创新融合，让越来越多的村民们成了"新农人"，他们靠着一部手机、一台计算机干起了"新农活"。而在打破地域壁垒，弥补产业链中的短板，解决质量把控、物流时效、人才匹配等难题后，不仅村里的土特产卖到了世界各地，村民们实现了共同富裕，中国乡村也连接到了更广阔的"新天地"。

在广西壮族自治区博白县的一个小山村里，村民们围坐在一起，在晒谷场上编篮子。一根根细小的藤条经过交、压、串、绕，变成了一件件精美的工艺品。

以往这些拥有非遗技艺的竹编商品价格在2~6元，形态较为单一，销路也并不广阔，但如今它们却成了行销全球60多个国家和地区的工艺品"网红"，在这个变化的过程中，广西某工艺品有限责任公司总经理黄连将是见证者，更是推进者。

从大学毕业开始，黄连将就把全部身心投入博白芒竹编织这一古老而又现代的非遗技艺中。2012年，他成立凰图工艺，并充分利用编织产业门槛低、灵活方便、辐射面广的特点，结合博白当地的实际情况，将生产形式转变成"公司+订单+农户"模式，并且带动了原材料、运输、仓储等相关产业链的发展。

"2016年我们开通了阿里巴巴国际站，希望产品能够直接销售到境外，提高利润率。"说起与国际站的合作，黄连将一开始有些迟疑，因为村里知道跨境电商的人都没几个，更别提怎么运营了。"开始我们基本可以说是'小白'，英文不好，就利用国际站的即时翻译系统，解决了与境外客户的直接沟通难题。同时，慢慢借助平台数据，了解到市场最新动态，为产品销售提供了新方向。"

思考与讨论

（1）跨境电商的作用有哪些？

（2）如何做好跨境电商网店的运营？

10.1　跨境电商平台基础

跨境电商是基于网络发展起来的一种商务形式。在政策利好以及贸易全球化的推动下，近年来跨境电商飞速发展，促进了商品流通和经济发展。

课堂讨论

（1）跨境电商的分类有哪些？

（2）跨境电商生态体系包含哪些？

扫一扫

10.1.1　跨境电商的定义

跨境电商是指分属不同关境的交易主体，通过电子商务平台达成交易、进行支付结算，并通过跨境物流及异地仓储送达商品、完成交易的一种国际商业活动。

具体来说，跨境电商的概念有狭义和广义之分。

1. 狭义的跨境电商

狭义的跨境电商相当于跨境零售。所谓跨境零售，是指分属于不同关境的交易主体，通过计算机网络完成交易，进行支付结算，并利用小包、快件等方式通过跨境物流将商品送达消费者手中的商业活动。

在国际上，跨境电商通常被叫作"Cross-border Electronic Commerce"，实际上指的就是跨境零售。从海关角度来说，跨境电商通常说的就是通过互联网进行的小包买卖，其消费者主要是C类个人消费者。但是严格来说，随着跨境电商的发展，跨境电商的消费者中也有一些B类商家消费者，在现实中很难严格界定B类商家消费者与C类个人消费者，很难将二者区分开来。因此，总体来说，跨境零售也包含针对B类商家消费者的销售。

2. 广义的跨境电商

广义的跨境电商基本上指的就是外贸电商，即分属于不同关境的交易主体，利用网络将传统外贸中的展示、洽谈以及成交等各环节电子化，并借助跨境物流运送商品、完成交易的一种国际商业活动。

从更加广泛的意义上来说，跨境电商是指电子商务在国际进出口贸易中的应用，是传统国际贸易流程的网络化、电子化和数字化，包括货物的电子贸易、电子资金划拨、电子货运单证、在线数据传递等多方面的内容。因此，从这个意义上来说，在国际贸易中只要涉及电子商务的应用都可以被纳入跨境电商的范畴中。

10.1.2　跨境电商的分类

随着跨境电商市场的高速发展，跨境电商平台数量呈增长趋势，涉及跨境电商的新模式也层出不穷。跨境电商根据不同的分类维度，可以分成不同的类别。

1. 按商品流向分

按商品流向，跨境电商可以分为进口跨境电商和出口跨境电商。

（1）进口跨境电商。它是指境外商家将商品直销给境内买家，一般首先是境内买家访问境外商家的购物网站并选择商品，然后下单，最后由境外商家发国际快递将商品寄给境内买家。

（2）出口跨境电商。它是指境内商家将商品直销给境外买家，一般首先是境外买家访问境内商家的网站，然后下单购买并完成支付，最后由境内商家通过国际物流发货给境外买家。

2. 按交易对象分

按交易对象，跨境电商可以分为B2B型、B2C型。

（1）B2B型。企业与企业之间通过跨境电商平台进行商品、服务及信息交换的电子商务活动。

（2）B2C型。企业直接面对境外买家，以销售个人消费品为主，物流方面企业主要采用航空小包、邮寄、快递等方式。其报关主体是邮政或快递公司。

3. 按销售经营模式分

按销售经营模式，跨境电商可以分为纯平台跨境电商、"自营+平台"跨境电商、自营跨境电商。

（1）纯平台跨境电商仅提供平台，不涉及采购和配送等领域。

（2）"自营+平台"跨境电商一方面自营部分商品以赚差价，另一方面作为平台提供方收取佣金。

（3）自营跨境电商则完全自营赚差价，往往涉及采购和配送等领域。

4. 按业务专业性分

按业务专业性，跨境电商可以分为综合型跨境电商和垂直型跨境电商。

（1）综合型跨境电商的业务比较多元化，其买家流量及商家的商品数量巨大。

（2）垂直型跨境电商的业务比较专业化，专注核心品类。

10.1.3 跨境电商生态体系

跨境电商的业务环节包括海关通关、检验检疫、外汇结算、出口退税、进口征税等多个环节。在货物运输上，跨境电商需要通过跨境物流出境，因此与境内电子商务相比，跨境电商的货物从售出到送到消费者手中所花费的时间更长。

1. 跨境电商进出口流程

跨境电商出口流程如图10-1所示。厂家/商家将商品通过跨境电商企业（跨境电商平台）进行线上展示，在商品被选购下单并完成支付后，跨境电商企业将商品交付给境内物流企业进行投递；商品经过海关通关商检后，最终经由境外物流企业送达消费者手中，从而完成整个跨境电商交易过程。在实际操作中，有的跨境电商企业直接与第三方综合服务平台合作，让第三方综合服务平台代办物流、通关商检等一系列环节的手续并将商品送至消费者手中。

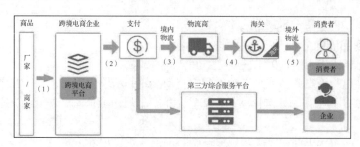

▲ 图10-1 跨境电商出口流程

跨境电商进口流程除方向与出口流程相反，其他内容基本相同。图10-2所示为跨境电商进口流程。

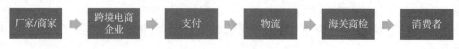

▲ 图10-2 跨境电商进口流程

2. 跨境电商产业链

跨境电商兼具一般电子商务和传统国际贸易的双重特性，其贸易流程比一般电子商务的贸易流程要复杂得多，其交易环节除了涉及跨境电商企业、支付企业、消费者，还会涉及跨境物流、人民币结算以及海关等政府部门，因此，它是一种更加复杂的商务活动。

（1）厂家/商家。我国境内跨境电商的主营商品主要有3C电子商品、保健品、汽车配件、家居园艺、户外用品、化妆品、鞋帽、母婴用品等。其中，3C电子商品具有标准化程度高、退货率低等特点，适合通过电商渠道销售。相应地，跨境电商的厂家/商家也主要生产这几类跨境电商热销商品。

（2）跨境电商企业。跨境电商企业主要是为买卖双方提供跨境在线交易的平台，如全球速卖通、eBay、Amazon等平台。

（3）支付企业。

目前，在跨境电商领域存在多种支付方式，包括银行转账、信用卡支付、第三方支付等。其中，跨境电商中的B2B企业以线下交易为主，信用卡、银行转账是其主要的支付方式。B2C跨境电商企业以线上支付为主，这使得第三方支付工具得到了广泛应用。

（4）物流商。除去商品采购成本，物流费用和营销费用是跨境电商面临的两类主要费用。目前，跨境出口电商主要销售品类中的电子配件、服装等都是货值比较低的商品，因此，在销售中采购成本很低，物流费用占较大比例，达25%左右。

目前，跨境电商常用的物流模式主要有3种：自营式物流模式、海外仓储模式、第三方物流模式。

（5）海关监管。海关总署对跨境电商企业的监管包括企业注册登记管理、通关管理、税收征管、物流监控、退货管理以及其他后续事项。在海关登记注册的电子商务企业、电子商务交易平台企业、支付企业、物流企业等均应当接受海关总署的监管。

（6）用户环境。我国境内跨境电商的消费群体表现出年轻化的趋势，用户主要集中在25~35岁。我国境内出口跨境电商的主要目的地有美国、欧盟各国、东盟各国、日本、韩国、印度等。

近年来，随着俄罗斯、以色列、巴西、阿根廷等新兴市场的电商的迅猛发展，我国境内跨境电商也迎来了更大的市场，目标用户规模不断扩大。随着新兴市场的电商的发展，人们对电商的观念发生改变，但是当地商品存在供应不足的情况，这就给我国境内企业带来了更大的机遇。

此外，欧美等发达国家的用户消费升级，用户对商品的需求从最初的低价向高品质发展。同时，我国境内企业也在努力打造品牌化商品，以向外输出更多高附加值、高质量的商品。

针对进口跨境电商来说，华东地区和华北地区是传统的高网购区域，其购买进口商品的消费人群的比例遥遥领先于其他地区。二、三线城市以及东北部和西南地区也在迎头赶上，新疆、贵州、四川、青海、广西、重庆等地成为跨境进口消费的新兴地区。

10.1.4 跨境电商平台

常见的跨境电商平台包括全球速卖通、Wish、Amazon等。

1. 全球速卖通

全球速卖通是阿里巴巴旗下唯一面向全球市场打造的在线交易平台，是帮助中小企业接触终端批发零售商，小批量、多批次快速销售，拓展利润空间而全力打造的融合订单、支付、物流于一体的外贸在线交易平台，它又被广大卖家称为国际版"淘宝"。图10-3所示为全球速卖通网站。

▲ 图10-3　全球速卖通网站

全球速卖通2010年4月免费对外开放注册。2023年全球速卖通已覆盖全球220多个国家和地区，海量资源助力境内品牌出境。

全球速卖通的买家以个人消费者为主，约占平台买家总数的80%，还有20%为境外批发商和零售商，所以全球速卖通的定位是外贸零售网站。

全球速卖通的核心优势是在全球贸易新形势下，全球买家采购方式正在发生剧烈变化，小批量、多批次成为一股新的采购潮流，更多的终端批发零售商直接上网采购，全球速卖通平台上的商家直接向终端批发零售商供货，流通渠道更短，直接在线销售、收款，拓展了小批量、多批次商品利润空间，有利于获得更多收益。

2. Wish

Wish是一个新兴的移动电商App，Wish的主要销售类目是服装服饰，尤其是时尚类服装服饰，其他销售类目还有母婴用品、家居用品、3C配件、美妆产品、配饰等。Wish上的商品具有种类丰富、使用更换频率高、话题性高的特点。与其他跨境电商购物平台

相比，Wish拥有自身的特点。Wish首页如图10-4所示。

▲ 图10-4　Wish首页

（1）独特的推荐算法。Wish拥有一套自己的推荐算法，根据用户在Wish上的购买行为判断用户喜好，以瀑布流的形式向用户推荐其可能感兴趣的商品，以简单、快速的方式帮助商家将商品销售出去。Wish的移动买家端首页有可以设置个人偏好的按钮，平台可以根据个人的偏好设置提供个性化展示。

（2）追踪用户购买行为。Wish可以对用户的购买习惯进行追踪，通过"精准推荐+随机探索"的形式，挖掘用户需求。大部分用户不是因为有需求才到Wish寻找商品的，而是被兴趣引导才到该平台浏览商品的。为了让用户有更好的购物体验，Wish每次推送的商品不会很多，这种推送方式更容易受到欢迎。

（3）图片质量很重要。Wish的用户并不看重商品的描述，而更加看重商品的图片，图片的精美度和清晰度决定了转化率。因此，在Wish上销售商品要以图片展示为主，且图片的质量要较高，图片要多角度拍摄，同一件商品的图片数量最好不要超过6张。此外，商品要具有差异性和独特性。在同一页面下，Wish会将重复或相似度高的商品自动屏蔽。

（4）搜索权重不重要。Wish的用户很少使用搜索功能，只会简单地浏览页面，看到喜欢的商品才会点击。因此，商品标题优化、关键词优化等在Wish上不是非常重要的。标题只需简洁明确，包括必要的商品名称、品牌名称、关键属性等词即可，当然不能出现侵权词和敏感词。

（5）收取佣金。在Wish中上传商品都是免费的，只有在交易成功后卖家才需要向平台支付交易佣金。另外，在使用PayPal收款的情况下，卖家收取每笔款项还要支付一定的费用。

3. Amazon

Amazon的中文名称为亚马逊，是世界范围内成功的电子商务企业。Amazon成立于1995年，最初自营在线书籍销售业务，现在已发展成为全类目、平台化的电子商务网站，其平台开放、流量优质、利润高，吸引着全球各地的卖家。近几年Amazon在中国发展得较好，不少中国卖家也通过入驻Amazon拓展海外贸易的销售渠道。图10-5所示为Amazon首页。

Amazon与其他电商平台相比具有其自身的特点。

（1）强调商品，弱化店铺。Amazon的运营定位是纳入第三方卖家商品，使平台的商品库更丰富，同时必须确保Amazon统一的品牌形象。所以，该平台没有给卖家店铺过多自定义的选项，卖家上传的商品也必须符合Amazon统一的形象要求。

▲ 图10-5　Amazon首页

（2）商品只以定价方式销售。Amazon不提供任何拍卖模式的服务，商品只以定价方式销售。其商品通过展示、搜索以及分类的形式显示。

（3）宽进严管。Amazon采取"宽进严管"的管理方式，个人和企业都可以在其平台上开店。除了一些特定类目需要卖家具备一些条件向Amazon申请，其他类目完全向卖家开放，而且Amazon允许卖家销售旧的或者维修过的商品。

提示与技巧

> **Amazon对卖家的管理较为严格。无论是个人卖家还是企业卖家都必须遵守Amazon的全方位保障条款，Amazon对卖家的运营和销售过程也有严格要求，所有卖家必须遵守Amazon对买家的服务承诺，一旦卖家无法做到就会被严厉惩罚，甚至被永久封号，买家权益得到Amazon的绝对重视。**

（4）去个性化。Amazon不希望卖家上传的商品有太鲜明的特点，而更看重价格、配送，引导卖家把精力放在提高售后服务能力上。

（5）国际货源丰富。Amazon已经聚集了大量的海外供应商。消费者可享受到来自美国、德国、西班牙、法国、英国和意大利等国家的商品。Amazon上开通直邮的品类包括鞋靴、服饰、母婴用品、营养健康品及个人护理商品等。

（6）物流全链条具有系统性。Amazon通过布局大型仓储运营中心，将供应商或者消费者分散的信息流和物流集中起来，发挥规模效应，降低了整条供应链的运营成本，最终打败了竞争对手，抢占更多市场份额。Amazon中国拥有业界最大最先进的运营网络之一。

（7）重商品详情，轻客服咨询。Amazon没有设置在线客服，鼓励买家自助购物，因此商品详情页就更加重要了，要做得尽可能详尽，包含各种买家可能会关心的信息，如此才能促使买家尽快做出购物决策，避免买家因商品信息不全而放弃购买。

（8）重视买家的反馈。买家的反馈包括两点，一个是商品的评论，还有就是买家对卖家提供的服务质量的评价。在Amazon中，买家反馈是很重要的，它代表着买家的体验感。因为Amazon的买家很少反馈，所以卖家要主动索取。在买家正向反馈后，卖家一定要积极一些，主动回复并感谢他们。如果收到的是负面反馈，卖家更要主动和买家沟通，争取消除负面反馈。

10.2 跨境电商网店运营概述

扫一扫

本节主要介绍跨境电商网店运营概述，包括跨境电商的选品、跨境电商物流、跨境电商客户服务等。

> **课堂讨论**
>
> （1）如何做好跨境电商的选品工作？
> （2）如何做好跨境电商的客户服务工作？

10.2.1 跨境电商的选品

随着跨境电商平台的兴起，以Amazon、全球速卖通、Wish等为代表的平台日益强大。越来越多的中小卖家进入跨境电商领域，面对如此多的竞争对手，如何做好选品呢？选品是跨境电商网店的根本，可以说，选品的好坏在很大程度上决定了店铺运营的成功与否。

1. 选定目标市场

做跨境电商需要先给自己的目标市场做定位，分析客户群体。面向的市场不同，针对的客户群体会不同，客户的消费习惯也会不同，选定目标市场，才能选定商品类目，进而选定商品。

2. 选定商品类目

确定了目标市场，就要去分析这个市场的客户群体，包括年龄结构、饮食习惯、业余爱好、风俗习惯等，进而选定商品类目。比如，大部分美国人都很喜欢户外活动，那么一些户外用品在美国可能会比较受欢迎；日本人都很居家，那么一些家居类商品在日本就会比较受欢迎；很多德国人喜欢狗，那么一些宠物用品在德国可能就会更容易售卖等。

3. 节假日分析

在节假日来临之前，大部分消费者都会大量采购节假日用品。卖家要充分了解节假日消费者的消费热点，挖掘符合节假日氛围的商品。由于物流需要耗费时间，且为了抢占先机，因此节假日商品一般是提前一个月上架的。

4. 季节分析

卖家要根据季节变化开发应季商品。冬季来临前卖家应该开发保暖商品，如帽子、围巾、手套、保暖衣等；夏季来临前卖家应该开发降温商品，如笔记本电脑散热器、冰垫、迷你风扇等。

此外，卖家要对目标市场所处区域的气候有所了解。例如，英国居民的室内有暖气供应，他们在冬天也喜欢T恤+外套的搭配，因此T恤在英国的冬季也会有不错的销量；另外，英国降雨量偏多，因此有防水功能的商品在英国非常受欢迎，如汽车防雨罩等。

5. 跨境物流成本

在选择商品时要把商品的跨境运输费用计算进去。建议跨境电商卖家在选择商品的时候尽量选择小件商品和重量较轻的商品，这样就可以很好地控制物流成本。如果选择的商品有海外仓储，那么商家的物流成本会更少，也能避免在运输途中的一些损坏或者不确定性因素，同时还能减少买家退货退款后对卖家所造成的损失。

10.2.2 跨境电商物流

跨境电商行业发展与竞争的一个核心要素是物流，物流对跨境电商卖家来说是非常重要的因素。国际贸易中常见的物流方式有邮政、商业快递、专线物流、海外仓储。

1. 邮政

国际上，邮政行业中有一个组织叫"万国邮政联盟"（Universal Postal Union，UPU），简称"万国邮联"或"邮联"，是商定国际邮政事务的政府间国际组织，用于保障各国（地区）间的通信权利。邮政物流包括各国（地区）邮政局的邮政航空大包、小包，以及中国邮政速递物流分公司的EMS、ePacket等。

（1）中国邮政大包。中国邮政大包，俗称"中邮大包"。中国邮政大包除航空大包外，还包括水陆运输、空运航空大包。本书所提及的中国邮政大包仅指空运航空大包。中国邮政大包可寄达全球200多个国家和地区，价格低廉，清关能力强，对时效性要求不高且稍重的货物可选择使用此方式发货。

中国邮政大包拥有中国邮政的大部分优点。

- 成本低。中国邮政大包以首重1千克、续重1千克的计费方式结算，价格比EMS低，较商业快递有绝对的价格优势。
- 通达国家和地区多。中国邮政大包可通达全球大部分国家和地区，且清关能力强。
- 运单操作简单。中国邮政大包的运单简单、快捷、单一，操作方便。
- 中国邮政大包的缺点主要包括如下几个方面。
- 部分国家和地区包裹限重10千克，大部分国家和地区包裹限重30千克。
- 妥投速度慢。
- 物流信息更新慢。

（2）中国邮政小包。中国邮政小包，俗称"中邮小包""空邮小包""航空小包"。其他以收寄地命名的小包（如"北京小包"），是指重量在2千克以内（阿富汗为1千克以内），外包装长、宽、高之和小于90厘米，且最长边小于60厘米，通过邮政空邮服务寄往境外的小邮包，可以称为国际小包。

国际小包可以分为中国邮政挂号小包和平邮小包两种。二者的主要区别在于，根据挂号小包提供的物流跟踪条码能实时跟踪邮包在大部分目的国家和地区的状态；平邮小包不受理查询，但相关人员能通过面单以电话方式查询到邮包的状态。

提示与技巧

　　总体来看，中国邮政小包适用于性价比较高，而且对时效性和查询要求不高的物品。

中国邮政小包通关的注意事项如下。

- 中国邮政小包只是一种民用包裹，并不属于商业快递，海关对个人邮递物品的验放原则是"自用合理数量"，其原则是以亲友之间相互馈赠自用的正常需要量为限。因此，为了顺利通关，中国邮政小包并不适用于寄递数量太多的物品。
- 限值规定。海关对寄自或寄往境外的个人物品，规定了每次允许进出境的限值；对超出限值的部分，属于单一不可分割且确属个人正常需要的，可从宽验放。

（3）EMS。EMS是中国邮政速递物流与其他国家和地区的邮政合作开办的中国与其他国家和地区之间寄递特快专递邮件的一项服务。由于EMS是中国与其他国家和地区的邮政合作开办的，所以EMS在中国与其他国家和地区的邮政、海关、航空等部门均享有优先处理权。这是EMS区别于很多商业快递的地方。

① EMS的参考时效。

EMS的投递时间通常为3～8个工作日，不包括清关时间。由于各个国家和地区的邮政、海关处理的时间长短不一，有些国家和地区的包裹投递时间可能会长一些。

② EMS信息查询。

关于收寄、跟踪等信息可通过中国邮政速递物流官网查询。

③ 禁限寄物品。

跨境电商出口禁限寄物品因卖家选择的物流方式不同而存在差异，具体以各物流官网公布的为准。禁限寄物品主要是指国际航空条款规定的不能邮寄或限制邮寄的货物，如粉末产品、液体产品、易燃易爆危险品等，以及烟酒、现金、有价证券、侵权商品等，具体包括以下内容。

- 国家法律法规禁止流通或者寄递的文件、物品。
- 爆炸性、易燃性、腐蚀性、放射性和毒性等危险物品。
- 反动报刊、书籍、宣传品或者淫秽物品。
- 各种货币。
- 妨害公共卫生的物品。
- 容易腐烂的物品。
- 活的动物（包装能确保寄递和工作人员安全的蜜蜂、蚕等除外）。
- 包装不妥，可能危害人身安全、污染或损毁其他寄递物品和设备的物品。
- 其他不符合邮递条件的物品。

（4）ePacket。ePacket俗称国际"e邮宝"，是中国邮政速递物流旗下的国际电子商务业务。ePacket目前可以发往美国、澳大利亚、英国、加拿大、法国、俄罗斯等。

① 信息查询。

关于收寄、跟踪等信息请查询中国邮政速递物流官网。

② 参考时效。

中国邮政对ePacket业务是没有承诺时效的。

③ 注意事项。

美国、澳大利亚和加拿大的ePacket业务提供全程跟踪查询，但不提供收件人签收证明；英国ePacket业务提供收寄、出口封发和进口接收信息，但不提供投递确认信息。需要注意的是，ePacket业务不受理查单业务，不提供邮件丢失、延误赔偿。因此，ePacket并不适合寄递一些价值比较高的物品。

（5）其他国家和地区邮政小包。邮政小包是使用较多的一种国际物流方式，它依托万国邮政联盟网点覆盖全球。邮政小包速度相对较慢，价格相对便宜，适合个人和小企业进行跨境电商业务。不同国家和地区的邮政所提供的邮政小包服务或多或少存在一些区别，主要体现在不同优势区域会有不同的价格和时效，以及对承运物品的限制不同。其他国家和地区的邮政小包的特点如下。

- 新加坡邮政小包，价格适中，服务质量高于邮政小包的一般水平，并且目前是手机、平板电脑等含锂电池商品的常用运输渠道。
- 瑞士邮政小包，欧洲线路的时效较快，但价格较高。欧洲通关能力强，欧洲申根国家免报关。
- 瑞典邮政小包，欧洲线路的时效较快，通关及投递速度也比较快且价格较低。

其他国家和地区的邮政小包的具体情况请参考中国邮政速递物流官网。

2. 商业快递

知名的国际商业快递四大公司是UPS、DHL、TNT和FedEx，此外常用的还有Toll。

（1）UPS。UPS（United Parcel Service，美国联合包裹运送服务公司）是一家全球性的快递承运商与包裹递送公司。大部分UPS的货代公司提供的快递方式如下。

- UPS Worldwide Express Plus——全球特快加急，资费最高。
- UPS Worldwide Express——全球特快。
- UPS Worldwide Saver——全球速快，也就是所谓的红单。
- UPS Worldwide Expedited——全球快捷，也就是所谓的蓝单，速度最慢，资费最低。

UPS的参考时效：UPS的参考派送时间为2~4个工作日。

（2）DHL。DHL（Dalsey Hillblom and Lynn，敦豪速递公司）在全球快递行业中具有较高地位，可寄达220个国家和地区。

- 上网时效。参考时效从买家交货之后第二天开始计算，1~2个工作日会有上网信息。
- 妥投时效。参考妥投时效为3~7个工作日（不包括清关时间，特殊情况除外）。

（3）TNT。TNT（天地快件有限公司）总部设于荷兰，主要在欧洲、南美、亚太和中东地区拥有航空和公路运输网络。一般货物在发货次日即可实现网上追踪，全程时效为3~5天，TNT经济型时效为5~7天。

（4）FedEx。FedEx是Federal Express的缩写，即联邦快递。中国联邦快递分为联邦快递优先型服务和联邦快递经济型服务。FedEx的参考时效：联邦快递优先型服务派送正常时效为2~5个工作日，联邦快递经济型服务派送正常时效为4~6个工作日；时效为从快件上网起至收件人收到此快件止，另需根据目的地海关通关速度决定。

（5）Toll。Toll（拓领环球速递）是Toll Global Express公司旗下的一个快递业务，Toll到澳大利亚以及泰国、越南等亚洲国家和地区的价格较有优势。

3. 专线物流

部分跨境电商平台除了和中国邮政、商业快递合作，还会搭建面向不同国家和地区的专线物流。这里介绍几种常用的专线物流。

（1）Special Line-YW。Special Line-YW即航空专线-燕文，俗称燕文专线，是北京燕文物流有限公司旗下的一项国际物流业务，目前已开通南美专线和俄罗斯专线。

燕文专线的参考时效：在正常情况下，16～35天到达目的地；在特殊情况下，35～60天到达目的地。特殊情况包括节假日、特殊天气、政策调整、偏远地区等。

（2）Russian Air。Russian Air即中俄航空专线，是通过国内快速集货、航空干线直飞，在俄罗斯通过俄罗斯邮政或当地落地配进行快速配送的物流专线的合称。Russian Air的资费标准为85元/千克+8元挂号费，体积重量限制参照中邮小包。Russian Air的参考时效：在正常情况下，15～25天到达目的地；在特殊情况下，30天到达目的地。

（3）Aramex。Aramex即中外运安迈世，也称为"中东专线"，是货物发往中东地区的重要渠道。Aramex的参考时效：中东地区派送时效为3～8个工作日。

（4）速优宝-芬兰邮政。速优宝-芬兰邮政是由全球速卖通和芬兰邮政针对2千克以下的小件物品推出的口岸出口特快物流服务，分为挂号小包和经济型小包，运送范围为俄罗斯及白俄罗斯全境邮局可到达区域。

速优宝-芬兰邮政参考时效：正常情况下，16～35天到达目的地。

（5）中俄快递-SPSR。"中俄快递-SPSR"服务商SPSR Express是俄罗斯优秀的商业物流公司之一，中俄快递-SPSR提供经北京、上海等地出境的多条快递线路，运送范围为俄罗斯全境。

中俄快递-SPSR的资费计算项目与中邮挂号小包一致，包括配送服务费和挂号服务费两部分。运费根据包裹重量按每100克计费，不满100克按100克计，单件包裹限重15千克，包裹尺寸限制在60厘米×60厘米×60厘米以内。中俄快递-SPSR的参考时效：中俄快递-SPSR物流商承诺包裹入库后最短14天、最长32天内必达（不可抗力除外），因物流商在承诺时间内未妥投而引起的全球速卖通限时达纠纷赔款，由物流商承担。

4. 海外仓储

海外仓储服务指为卖家在销售目的地进行货物仓储、分拣、包装和派送的一站式控制与管理服务。确切来说，海外仓储应该包括头程运输、仓储管理和本地配送三个部分。

（1）头程运输：境内卖家通过海运、空运、陆运或者联运将商品运送至海外仓库。

（2）仓储管理：境内卖家通过物流信息系统，远程操作海外仓储货物，实时管理库存。

（3）本地配送：海外仓储中心根据订单信息，通过当地邮政或快递将商品配送给买家。境内卖家通过海运、空运或者快递等方式将商品集中运往海外仓储中心进行存储，并通过物流承运商的库存管理系统下达操作指令。

10.2.3 跨境电商客户服务

跨境电商客户服务的工作范畴包括4个方面，即解答买家咨询、处理商品售后问题、促进商品销售、监控管理商品运营。

1. 解答买家咨询

网店客服通常需要解答买家对商品的咨询、对商品服务的咨询，客服人员应从专业角度为买家提供关于商品的信息、推荐可以满足买家需求的商品。

（1）解答关于商品的问题。关于商品问题，境内外商品规格存在较大差异。以服装尺码来说，就会存在我国境内尺码、美国尺码和欧洲尺码的区分。又如，电子设备的标规问题，美国、欧洲国家、日本电器商品的电压都与我国境内标规存在差异，即使是一个简单的电源插头，各国（地区）的标规也存在诸多差异，从我国境内卖出去的电器能适用于澳大利亚的电源插座，但到了英国也许就不能使用。

（2）解答关于商品服务的问题。当跨境电商面临国际物流运输、海关申报清关、运输时间及商品安全性等问题时，其处理过程更加复杂。而当境外买家收到商品后，在使用商品的过程中也会因遇到问题而向客服人员咨询，因此需要客服人员具备优秀的售后服务能力，为境外买家提供有效的解决方案，让买家可以选择。无论是售前推荐商品，还是售后解决问题，客服都应主动为买家提供解决方案，并且尽可能提供一套以上的解决方案供买家选择。

2. 处理商品售后问题

售后客服人员需要解决买家在下单后产生的问题。在跨境电商交易中，买家在下单之前通常很少与卖家进行沟通，这就是业内所说的"静默下单"。

有时候为了使商品吸引眼球，卖家会美化商品图片，这样会给买家一个美好的心理预期，提高买家对商品的期望值。然而，一旦买家收到的实物与图片差别很大，买家就会非常失望，并且通常会在第一时间询问或投诉。

对于这类投诉，售后客服人员要主动地向买家解释，并提供原有的图片。如果只是小部分修图处理造成的色差，合理的解释还是能赢得买家的信任的。在处理过程中，售后客服人员要表现出对买家的重视，适当地给予买家优惠。

提示与技巧

　　为了避免这类投诉和差评，卖家在上传商品图片时，可以展示多角度的细节图，也可以用没有处理过的图片，尽量让买家对商品有真实、全面的印象。

---

3. 促进商品销售

在跨境电商中，如果客服人员能够充分发挥主动性，主动促成订单交易，将能为企业和团队带来巨大的销量。优秀的客服人员需要具备营销意识和技巧，能够将零散买家中的潜在批发买家发展为实际的、稳定的长期客户。这就是客服人员促进商品销售的职能。

4. 监控管理商品运营

在跨境电商中，客服人员应充当发现问题者的角色。客服人员不一定要直接参与团队的管理当中，他们作为能够直接接触到广大买家的人，直接倾听买家提出的问题，是团队发现问题的接触点。

因此，跨境电商团队中的客服人员必须发挥监控管理商品运营的职能，定期将买家提出的问题进行分类总结，并及时向销售、采购、仓储、物流等各个部门的主要负责人反馈，为这些部门决策者进行岗位调整和工作流程优化提供第一手重要参考依据。

素养课堂：我国跨境电商蓬勃发展

党的二十大报告提出，加快建设贸易强国。作为一种新业态新模式，跨境电商已成为我国外贸发展的新动能、转型升级的新渠道和高质量发展的新抓手。2015年，我国设立首个跨境电商综合试验区。近年来，我国跨境电商综合试验区模式愈发成熟，数量已增加至165个，在跨境电商发展中发挥了重要的作用。

2022年政府工作报告提出"加快发展外贸新业态新模式，充分发挥跨境电商作用，支持建设一批海外仓"，这是跨境电商连续9年出现在政府工作报告中。国家层面的高度重视，正在推动我国跨境电商不断扩容，发展迈上新台阶。

当前，跨境电商正在成为我国外贸的增长点。特别是在当前全球经贸形势变得更加严峻的情况下，跨境电商以模式新、应变快、成本低等特点，成为推动我国外贸稳规模优结构的一种重要方式。跨境电商作为外贸发展的新业态，发挥了保订单、保市场、保份额的重要作用。海关数据显示，2022年我国跨境电商进出口2.11万亿元，同比增长9.8%，其中，出口1.55万亿元，同比增长11.7%。

从"野蛮生长"到"精耕细作"，中国制造出境正在迎来新变局。中国出境商品的创新性和附加值在日益提升。过去，许多出境商品只有价格上的优势。但是，现在在Amazon上，智能电器、办公用品、有特色的服装和家居用品等更有差异化、技术含量和设计感的商品，很多都来自中国境内。

我国的出口贸易几乎填满了全球所有已知领域的商品，尤其是中国的电子商品。无数"中国制造"和中小外贸公司以及个人卖家通过跨境电商平台把上亿种商品行销境外，服务了全球超过220个国家和地区的消费者。在境外社交网站上，越来越多的境外买家在"晒单"，夸耀在跨境电商平台买到了物美价廉的中国商品。

我们有幸生活在国家的科创和"智造"水平蒸蒸日上的时期，得以为全球消费者创造更美好的生活体验。我们坚信，将有越来越多的中国品牌在世界舞台崭露头角，共同迎来中国品牌全球化的黄金时代。

10.3 跨境电商平台全球速卖通运营

下面以全球速卖通为例，讲解其入驻要求、账号注册、选品、运费模板等。

10.3.1 全球速卖通入驻要求

全球速卖通主要针对的是海外市场，向海外出售中国的很多特色商品，这也让很多国内企业不需要花费很高的成本就可以将自己生产的商品进行出口销售。跟淘宝一样，全球速卖通也是通过支付宝进行担保交易的，不同的是淘宝使用的是国内版本的支付宝，而全球速卖通使用的是支付宝国际版。入驻全球速卖通有以下要求。

（1）个体工商户或企业均可开店，须通过企业支付宝账号或企业法人支付宝账号在全球速卖通完成企业身份认证，所以企业或企业法人应先在支付宝上进行注册。平台目前有基础销售计划和标准销售计划供商家选择，个体工商户在入驻初期仅可选择基础销售计划。

（2）卖家必须拥有或代理一个品牌进行经营，并可根据品牌资质选择是经营品牌官方店、专卖店还是专营店，具体以商品发布页面为准。

（3）卖家须缴纳技术服务年费，各经营大类技术服务年费不同，卖家可以在官网查看资费标准。经营到自然年年底，拥有良好的服务质量及经营规模不断扩大的优质店铺的卖家都将有机会获得年费返还奖励。

10.3.2　全球速卖通账号注册

全球速卖通的买家以个人消费者为主，全球速卖通的定位是外贸零售网站。注册全球速卖通账号前，卖家要准备好以下资料。

（1）个体工商户或企业营业执照，这是必须要有的，否则无法开店。

（2）法定代表人身份证，身份证上的姓名要与营业执照上的姓名一致。

（3）联系方式，即手机号和邮箱，要求该手机号和邮箱没有注册过全球速卖通账号。

（4）企业支付宝，主要用于认证及绑定收款。

（5）品牌证明，全球速卖通需要卖家有品牌商标或授权证明才可销售相关商品。

上述资料准备好之后，就可以根据以下流程注册开店。

（1）进入全球速卖通商家门户网站，单击右上角的"注册"按钮，如图10-6所示。

▲ 图10-6　单击"注册"按钮

（2）进入注册账号页面，选择公司注册地所在国家，然后单击"点此前往新版工作台"超链接完成注册入驻流程，如图10-7所示。

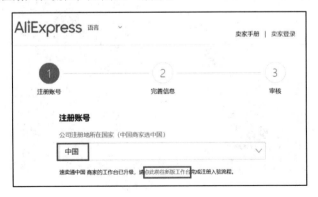

▲ 图10-7　注册账号

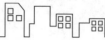
（3）进入"注册账号"页面，填写注册账号信息，如图10-8所示。

▲ 图10-8 填写注册账号信息

（4）进入"认证企业信息"页面，选择认证方式进行实名认证，如图10-9所示。

▲ 图10-9 选择认证方式

（5）扫码登录支付宝账号，如图10-10所示。

▲ 图10-10 扫码登录支付宝

（6）进入"服务授权"页面，单击"授权"按钮，如图10-11所示。授权成功后，填写个人信息，提交审核，审核成功后即可根据提示完成账号注册。

▲ 图10-11 单击"授权"按钮

10.3.3 全球速卖通选品

全球速卖通选品可以通过站内选品和站外选品两种方式进行。其中，站内选品是指卖家通过全球速卖通选品；站外选品是指卖家通过参考相似平台或借助第三方数据分析工具选品。

1. 站内选品

站内选品是指卖家根据全球速卖通的情况，结合一定的数据分析及自身情况来选择要经营的行业及具体类目下的商品。全球速卖通为卖家提供了一些行业在某个时间段内的平台流行趋势，卖家可以参考其中的商品进行选品。

（1）首页类目推荐。图10-12所示为"计算机、办公与安全"类目在平台上首页流行的商品等，卖家应加以关注。

▲ 图10-12 "计算机、办公与安全"类目在平台首页
上流行的商品等

（2）选择热销商品。卖家可以从首页中选择不同的类目，单击"订单"，按照商品的订单进行排序，热销商品排在前面，这些热销商品可以作为选品的参考，如图10-13所示。

2. 站外选品

除了参考全球速卖通站内的一些资源来进行选品，卖家还可以将站外资源作为选品参考，如借鉴Amazon、敦煌网、阿里巴巴采购批发网等同行业类似跨境电商平台上的热销商品，或者参考一些小语种网站上的商品来辅助选品，如参考eBay上的商品。世界上许多国家都有自己本土的电商平台，卖家要将商品深

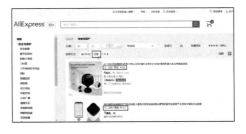

▲ 图10-13 选择热销商品

入销往某一个国家时，可以参考这些平台上的热销商品。

10.3.4　全球速卖通运费模板

全球速卖通面向全球两百多个国家和地区，不同区域的国家物流送达时间和费用相差非常大，卖家每发布一个商品不可能根据不同国家和地区单独设置运费，所以运费模板设置就非常重要，卖家需要提前设置和优化运费模板，这样可以大大节省时间，提高工作效率。

（1）进入全球速卖通后台，执行"物流"—"速卖通物流介绍"—"线路资费下载"命令，如图10-14所示。

▲ 图10-14　下载线路资费

（2）在打开的页面中单击"无忧物流和线上发货运费报价-20221024生效"超链接下载物流运费报价，如图10-15所示。

（3）下载物流运费报价之后，可以看到多条线路的报价，如图10-16所示。物流线路分为经济类物流、简易类物流、标准类物流、优先类物流四类。卖家需要根据商品属性选择对应的线路。卖家一定要熟知不同线路对商品的限制，这样可以避免不必要的损失。

（4）在全球速卖通后台首页执行"物流"—"运费模板"—"新增运费模板"命令，在打开的页面中输入运费模板名称，然后设置发货地区，如图10-17所示。

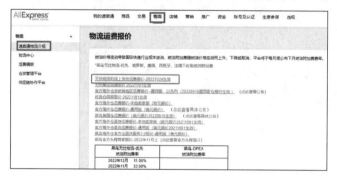

▲ 图10-15　下载物流运费报价

▲ 图10-16　查看线路报价

（5）在"运费模板设置"页面中选择"添加一个运费组合"选项，选择该运费组合包含的国家（地区）。可以将某些热门国家（地区）选为一个组合，或按照区域选择国家（地区），如图10-18所示。

▲ 图10-17　输入运费模板名称并设置发货地区

▲ 图10-18　选择该运费组合
包含的国家（地区）

（6）选择完毕，系统显示当前已选国家（地区），对该运费组合内的国家（地区）设置发货类型，如标准运费减免折扣、卖家承担运费或者自定义运费。单击"确认添加"按钮，如图10-19所示。系统生成一个新的运费组合，再继续添加运费组合。

▲ 图10-19　对该运费组合内的国家（地区）设置发货类型

案例分析

案例1——全球速卖通的主要大型促销活动

1．"3·28"周年庆大型促销活动

每年的3月28日全球速卖通都要举行周年庆大型促销活动，活动力度堪比"双十一"。2022年全球速卖通"3·28"周年庆大型促销活动重点打造"跨店满减"活动，当买家在已配置跨店满减优惠营销策略的同一店铺或跨店铺交易时，若符合满减规则和条件，即可享受满减的优惠权益，上不封顶。卖家报名"跨店满减"活动就有机会进入大型促销活动会场，全球速卖通开机屏、导购全链路资源曝光，巨大的流量资源和消费者凑单行为带来的店铺、商品曝光增量将为卖家带来高额回报。

2. "双十一"大型促销活动

"双十一"大型促销活动已经从"中国网购狂欢节"走向"世界网购狂欢节"，在"双十一"期间全球速卖通面向全球买家进行大型促销活动。

2021年全球速卖通"双十一"大型促销活动于11月11日北京时间16:00（美国西部时间11月11日零点）正式开始。据统计，共有2.09亿件商品参与了此次"双十一"促销。这次"双十一"大型促销活动被全球速卖通称为"史上市场投入力度最大、精细化运营程度最深的'双十一'"。全球速卖通通过品牌广告、重点国家大事件、社交玩法等方式实现市场社交的全生态联动，通过"星合计划"、联盟渠道、厂商等整合域外超级流量，实现超过10亿用户的触达，在站内升级场景化导购，在站外实现全媒体广泛触达。

3. 全球试用活动

全球速卖通的全球试用活动能为卖家带来极大的流量，且报名参加全球试用活动也不会影响卖家参加其他活动，所以卖家应积极参加全球试用活动。

4. 行业主题性活动

行业主题性活动即全球速卖通根据不同行业的特性，推出的专属于行业的主题营销活动。该活动适合推新品的日常行业促销，卖家需要按照主题商品报名参加。

5. Super Deals

Super Deals是全球速卖通历史悠久、效果显著的折扣频道，旨在打造全球速卖通独一无二的天天特价频道，是全球速卖通推出的推广品牌。它占据着全球速卖通的首页推广位，免费推广"高质量标准、超低出售价"的商品。目前活动主要针对有销量、高折扣的促销商品进行招商。这里将会是平台中高性价比商品的集

▲ 图10-20　Super Deals首页

合，也是卖家推广自身品牌的最佳展台。Super Deals适用于推广新品和打造热销商品的活动。图10-20所示为Super Deals首页。

6. 行业大型促销活动

在促销当日，全球速卖通会将流量引入活动页面，给商品带来高曝光。而专门为买家购买提供的行业专属优惠券，将吸引更多买家进行购买。另外，全球速卖通还有不定期的平台活动，如新年换新季活动、节日大型促销活动等。不同的活动有不同的要求，在全球速卖通开店的卖家，可以随时关注活动公告，及时报名参加活动。

案例2——全球速卖通卖家大型促销计划

平台大型促销活动时期对卖家来说是最佳销售期，卖家要抓住大型促销活动机会，实现店铺跨越式增长，可从以下4个方面着手。

1. 对全店商品清晰分层

在大型促销活动中，对店铺引流款商品和主推款商品的选择很重要。引流款商品多为店铺内有竞争力的热销商品，可以以热销商品的超低价吸引买家进店，通常以热销商品报

名参加大促活动或主会场5折精品活动。主推款商品是店铺主推的应季商品，折扣在30%左右，需要有竞争力、有差异性且价格吸引人，能够更好地将引流款商品引入的流量在店内转化。引流款商品和主推款商品数量有限，因此进入店铺的部分买家会在店铺内浏览其他商品。所以，除了引流款商品和主推款商品，卖家还需要通过店铺整体传递给买家强烈的促销感受，通过店铺内其他商品的促销来刺激买家，可以对店铺内其他商品设置小折扣，也可以全店打折。

2. 优化商品信息

促销、商品卖点等信息要体现在商品标题中，商品关键属性要填写完整。在大型促销活动中，有很多活动是通过系统抓取的方式来提取全店商品，并将其展示到相关页面的，所以完善标题和属性信息非常重要。商品信息的优化还需要关注单个商品页面的转化率，店铺内的商品必须做好关联销售和交叉推荐，促进访问商品详情页的流量在店内转化。

3. 维护老客户，提升交易额

维护老客户的成本远低于开发新客户的成本，每个店铺都应该做好老客户维护工作。每次大型促销活动都是唤回老客户的好时机，卖家可将店铺优惠信息结合平台的优惠政策提前通知老客户，甚至给老客户提供额外的优惠，这可以很有效地维护老客户。

4. 结合大型促销活动信息，做好店铺装修

在大型促销活动期间，装修店铺是至关重要的一个环节，店铺大型促销活动装修不仅能将店铺想要传达的利益点表达出来，也能对店铺的整体风格做好展示。卖家可以结合平台大型促销活动主题做店铺装修，也可以结合商品品类做店铺装修。店铺大型促销活动装修重点是突出优惠信息并营造促销氛围。店铺中优惠内容丰富、促销气氛浓厚，才能刺激消费者在大型促销活动中下单购买。

思考与练习

一、名词解释

1. 跨境电商
2. 跨境电商企业
3. 全球速卖通
4. 海外仓储服务

二、选择题

1. （　　），跨境电商可以分为进口跨境电商和出口跨境电商。
   A. 按商品流向　　　　　B. 按交易对象　　　　　C. 按销售经营模式

2. （　　）是指境内卖家通过物流信息系统，远程操作海外仓储货物，实时管理库存。
   A. 头程运输　　　　　B. 仓储管理　　　　　C. 本地配送

3. 下面不属于跨境电商客户服务工作范畴的是（　　）
   A. 解答买家咨询　　　B. 处理商品售后问题　　　C. 做好网店装修

4. （　　）即全球速卖通根据不同行业的特性，推出的专属于行业的主题营销活动。
   A. 行业主题性活动　　B. Super Deals　　　C. 行业大型促销活动

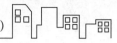

三、思考题

1. 跨境电商的分类有哪些？
2. 跨境电商进出口流程是怎样的？
3. 跨境电商的平台有哪些？
4. 如何做好跨境电商的选品？
5. 全球速卖通入驻要求有哪些？

任务实训

为了了解我国跨境电商的发展情况，通过实操搜集我国跨境电商发展的相关信息，并了解不同跨境电商平台。

（1）搜集信息。通过网络等渠道搜集我国跨境电商发展的信息，并总结我国跨境电商的特点、规模、政策与趋势，谈谈我国跨境电商与境内电商的区别。

（2）了解跨境电商平台。在网络上搜集不同跨境电商平台的相关信息，如全球速卖通、Amazon、敦煌网等，说说这些跨境电商平台的特点及其与境内电商平台的区别。

（3）登录某个跨境电商平台的买家端，查看该平台的首页，并在平台上搜索一款商品，查看商品详情页，了解跨境电商平台商品详情页的特点。